すみれ色の魔法

佐藤すみれ

DRINK
ME,

DRINK SUMIRE WINE

カバー・総扉・目次クレジット

写真・小野寺廣信（Boulego）
スタイリング／横田直子（カバー・総扉）、
いまいゆうこ（目次）
ヘアメイク／双木昭夫（KURARA SYSTEM）（カバー・総扉）、
佐藤由貴（マーヴィ）（目次）
※カバーの衣装クレジットは P69 にあります

CONTENTS

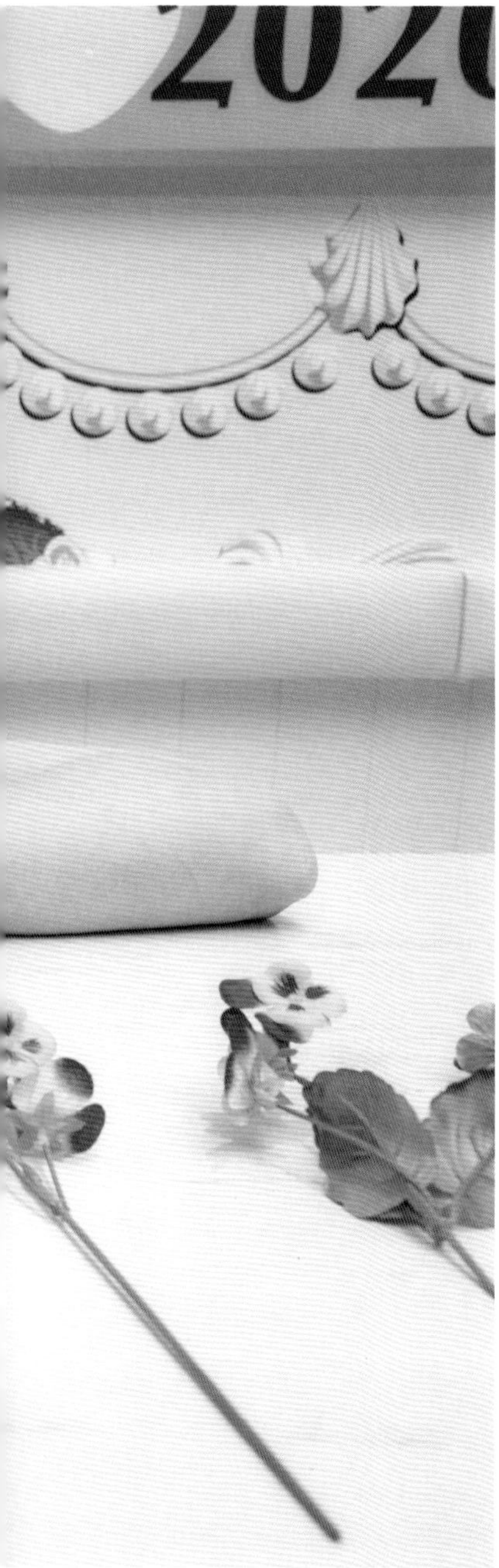

あなたはどの すみれが好き？

ワンピース／ Q-pot.
撮影協力／ Q-pot CAFE.

第1章

❤大好きなブランドの洋服を着て語ります❤
すみれが「すみれ色」になるまでのお話

食費や交通費を節約しても、
洋服を目にしたら買わずにいられない！
とにかく洋服が好きでずっと買ってきたブランドの洋服を着て
AKB48からSKE48の時代、
そして現在の起業家としての話をします。

写真／小野寺廣信（Boulego）
スタイリング／いまいゆうこ
ヘアメイク／佐藤由貴（マーヴィ）
構成＆聞き手／鈴木真理子

ワンピース・カーディガン・ヘアピン・チョーカー／MILK

アイドルを辞めた私は、どこへ行く？

「私、佐藤すみれは、2008 年に AKB48 に、2014 年から SKE48 に所属しておよそ 9 年間のアイドル活動を続けてきました。そして 2018 年 1 月 7 日、AKB48 の大握手会をもち、芸能活動を終えました。このことは皆さんよくご存知だと思います。今からおよそ2年前のことでした。

　そんな私が今、何をやっているのか。こちらはご存知ない方もいらっしゃるかもしれませんね。私はなんと「芸能人」を卒業して、休養期間を経た後「起業家」になったんです。それは自分でも思いもよらないことでした。だって、私自身 AKB を卒業した時は、次に私がなにをやるかなんて、全くかけらも見えていなかったんです。

　それがどうして起業家になったのか。しかも、スイーツやアクセサリーや、洋服とか可愛い、ふわふわした感じのことばかりに関わっているのか。その理由を、自分でも振り返りながら、お話したいと思います。そこには佐藤すみれを「すみれ色」にさせた魔法があったのです。」

PINK HOUSE
ピンクハウス

襟付きブラウス・スカート・ペチコート・コサージュ・靴／ PINK HOUSE
ヘアピン／ヘアメイク私物

歌って踊る人になりたかった

「小さい頃から、『あれが欲しい』『これをやってみたい』という願いは、ほとんど叶ってきました。今までで一番大きな願いは『歌って踊る人になりたい』、ひいてはアイドルになる、つまりAKB48に入ることで、そのビッグな夢さえ叶えることができました。これはまさに何かの魔法じゃないかと……」

ブラウス・カーディガン・スカート・ペチコート・コサージュ・靴／PINK HOUSE

「でも 10 年近くアイドルを続けて、歌って踊って、映画の主演も果たしてと、芸能界での夢は全て叶って、それ以上に望むことがなくなってしまったんです。大きな夢も小さな夢も、夢を持って叶えていくプロセスが楽しいのだけど、もはやその時の私には新しい夢が浮かばなくなっていました。なんだかとてもつまらない状態でした」

MILK

ミルク

ブラウス・スカート・イヤリング、ネックレス／ MILK　リボン／ヘアメイク私物

叶えたい夢がみつからなくなって、
一度人生を白紙に

「そこで『あれ、私、もう芸能界に満足しているんじゃない?』って気がついて。それで芸能生活を終わらせ、所属事務所（ホリプロ）も出る決意をしました。一度白紙になって、この先の人生を一度見直してみたいと思ったんです。

とはいえ芸能界を出たところで、夢なんて全くなし。叶えたいことなんてありません。とくにやりたいこともなくて、ファンの皆さんにも事務所にも『今後なにをやります』って言ってなかったんです。だって決まっていなかったから。23 歳の時でした」

ワンピース・すみれピン・ネックレス・靴／MILK
黄色いリボン／ヘア＆メイク私物

ぐうたら生活の4カ月間を経て

「ファンの皆さんにちゃんと卒業式で見送ってもらったんですけど、その翌日から全く何も予定はありませんでした。明日は休み、明後日も休み。ずっと休み。

　でも不思議と焦りはなくて、いろいろ社会を見てみようって、４カ月くらいぐうたら生活を送っていました。そしてそれがどう仕事に繋がるかはわからないにしても「好きなことをやってみよう」って思って、片っ端から小さなやりたいことを見つけて、やっていたんです」

コサージュ付きワンピース・ティアラ／MILK

Q-pot.
キューポット

ワンピース・ヘアゴム・イヤリング・ネックレス・リング／ Q-pot.

芸能界引退後、最初の仕事は
スイーツ系ライターだった

「そしたら引っ掛かったのが『スイーツ』でした。スイーツって、本当に可愛くて大好きなんです！　それでカフェなんかで食べたスイーツ達の写真をインスタグラムにアップしていたら、それが女性向けのグルメサイトの方の目に止まって『スイーツの原稿を書いてみませんか』って連絡が来たんです。びっくりしました。ずっと前、中学生くらいの時のことですけれど、文章を書いてみたいという夢があったからです。（実はそのために漢字検定も受けたことがあるんです！）そしてそれが芸能生活後の私の最初の仕事になりました」

ワンピース・イヤリング・チョーカー・リング／Q-pot.
赤リボン／ヘア&メイク私物

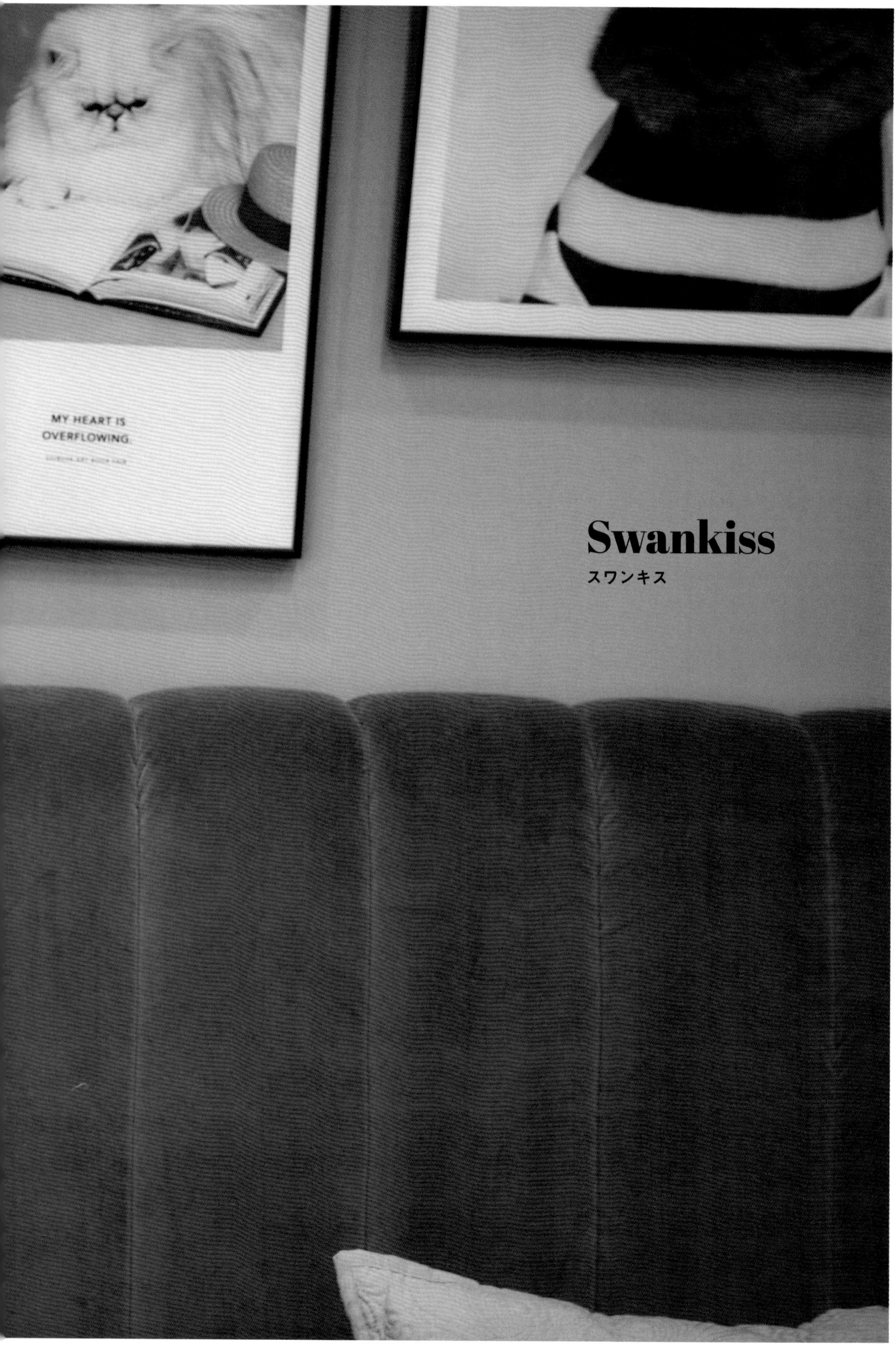
MY HEART IS
OVERFLOWING.

Swankiss
スワンキス

女性限定のお茶会を開きたくて、カフェに申し込みに行く

「そこからまた夢が少しずつ生まれ出します。ここで女性だけを集めて、大好きな目白のCAFE ACORITEでお茶会を開催したい、という夢を持ちました。この小さな夢を叶えたことが、後々の私の人生を大きく飛躍させることになるのです」

MY HEART IS
OVERFLOWING

手に持ったポーチ→ P114 ～「佐藤すみれプロデュースグッズ」

ワンピース・カチューシャ／ Swankiss
手に持ったキーホルダー→ P114 ～
「佐藤すみれプロデュースグッズ」

すみれ初のオリジナルケーキが誕生……！

「アコリットさんは OK してくださった上、限定のオリジナルケーキを作ってくださったんです！私の名前にちなんだ、すみれ色のシフォンケーキです。

実はこの時まだ私は、『すみれ色』に魔法の力があるなんて、全然気がついていませんでしたが……」

カーディガン・スカート・バレッタ・靴／ Swankiss
撮影協力／『moreru mignon』SHIBUYA109 店

an
another
angelus
アン アナザー アンジェラス

「すみれ色」の力に
やっと気が付く!!

「ケーキの評判はすこぶる良くて、一般の方にも食べてもらえるよう、1カ月限定でお店に出してもらうことに。するとTwitterで4万いいね！がつくほどバズったんですね。なんとお店の前は行列ができるほどお客さんがやってきました。ここで私『すみれ色ってこんなに力があるのかな?』って初めて気がつきました。

　そして夢がまたひとつそこで生まれたんです！『こういうの名古屋でやろう』って。SKE48に在籍していた私にとって、名古屋は第二の故郷みたいなもの。名古屋のTHE STRINGS HOTELのカフェのスイーツが大好きなので、思い切ってカフェの方に相談。そしてすみれオリジナルの『大人のご褒美カフェ』が誕生したんです！　そしてなんとそれはカフェで今まで作られてきたスイーツの中で、トップの売り上げを出したんです！」

ブラウス・スカート・バッグ・靴／
アン アナザー アンジェラス
・イヤリング・ネックレス・
リング／佐藤すみれ私物
靴下／スタイリスト私物
帽子→ P114 ～
「佐藤すみれプロデュースグッズ」

すみれがブランドカラーに

Maison de FLEUR Petite Robe

メゾン ド フルール プチローブ

「こうしてAKB卒業後、とりあえず好きだからと向きあってみたスイーツプロデュースが、オリジナルの「すみれ色」になることによって、今後のすみれブランドの重要な仕事のひとつになっていきました。その後、魔法の力はどんどん大きくなっていくのです。

次にファッションの話をさせてください。私は洋服が好き。とくにロリータやガーリーなど、“甘い系”の服が大好きです。中学生の時には小物しか買えなかった私なんですが、18歳くらいから、AKBの仕事で忙しくて金銭感覚がおかしくなっていました。休みの日があれば、いえ休みの時間があれば、洋服を買いにお店に向かっていました。『私服での撮影もあるから必要よね?』って自分に言い訳して」

ワンピース・バッグ・靴／Maison de FLEUR Petite Robe
帽子／InEden
ネックレス／佐藤すみれ私物
帽子箱→P114〜「佐藤すみれプロデュースグッズ」

お店の方に顔を覚えてもらって、ブランドモデルに

「しょっちゅう買い物に行っていたから、顔を覚えてもらっていたみたいで。ある日 Angelic Prettyから声が掛かって、ブランドモデルに抜擢されました。これは私の夢を超えていました（笑）。正直『私がやっていいの？』って思ったくらい。自分の個人的に好きな、おおよそ仕事にならないと思われるようなことが、初めて仕事に結びついた瞬間でした。

　現在もずっとそうですが。昔憧れたのは、MILKです。でも10代の私には、高くて小物しか手が出なかった。いつか服も着たい……、そう思ってたら、仕事でスタイリストさんにMILKの服を借りてきてもらえるようになったんです！　その後は自分でも買えるようになって、展示会にも呼んでいただけるようになりました。でも魔法が掛かったのは全然その先のこと、昨年です……。

　2019年5月、インスタグラムを通じて『渋谷マルイで、ポップアップショップをやらないか』と連絡が来たんです。クリエイターが短期間で自分がセレクトしたものやコラボを置くのが通常なんですが、私、どうしたらいいのかさっぱりわからなくて。

　で、卒業後またMILKの展示会に行くようになって、やっとスタッフの方と顔見知りになっていたので『相談してみよう！』って思って、連絡を取ったんです。そしたらなんと『LAND by MILKBOYとすーちゃんのコラボでなんかやってみる？』って言ってくださり、渋谷マルイでのショップオープンにこぎつけたんです……」

服もスイーツも
コラボ商品化する！

「その後すぐ、デザイナーの大川ひとみさんも出ていらして、原宿 MILK の下の VIXEN CAFE で限定スイーツプリント服の販売と、スイーツメニューを出すことが決まったんです！　もちろんすみれ色の服やスイーツです。私がモデルでイメージ写真も撮ってもらいました。もう本当、夢のようでした。中学生の時からずっと『高くて買えない』と憧れ続けていたブランドですから（笑）。しかも大川さんは毎日、私のためにカフェに新しいすみれの花を花瓶に生けてくれました。

　そう、私は自分が興味のある、自分にとってとても大切なことに時間もお金も投資して、アイドル卒業後、仕事に変えていくことを体験したんです。そしてついに起業家の道を歩むことになります。

　自分に起業家という職業名がちらつき始め、そう名乗るようになったのは、お買い物をよくしていた、新宿・伊勢丹のイセタンガールがきっかけでした。ここには期間限定でいろんなクリエイターやアーティストの方が作るアクセや雑貨や服が並んで、本当に素敵なものが多くて、大好きなんです。それがある日『イセタンガールがなくなるんだよ』ってニュースを聞いたんです。私はもう大ショック！」

ワンピース・靴／
Maison de FLEUR Petite Robe
コサージュピン／ InEden
イヤリング・リング／佐藤すみれ私物

「私がやりたいんです!!」と言ってみた

「そこでやはり伊勢丹がきっかけで知り合ったイラストレーターの mikko さんに頼んで、伊勢丹の人に会わせてもらうことに。で、私のイセタンガールへの愛を熱く語ったんですよね。最後にスタッフの方から『どんなイベントがあれば参加したいですか?』って聞かれたので、ちょっと返答に悩んで考えてたら『あれ、これは自分がやってみたいのでは?』ってところにたどり着いて。もうイセタンガールはなくなっちゃうわけだし、最初で最後のチャンスかも!って『私自身がやりたいんです。やらせていただけませんか』って言ったんです。かなりグイグイ行ったんです……。

その後何本ものメールのやりとりがあり、『そこまで言うなら』ということで GO サインをいただきました。私はその時まだ自分のブランドは持っていなかったので、今までイセタンガールで知ってファンになった 10 人のクリエイターさんとコラボする形を取りました」

Emily Temple cute
エミリー テンプル キュート

ワンピース・ブラウス・ペチコート／
Emily Temple cute
帽子／InEden
ネックレス・リング／Q-pot.
フェルト製すみれ／PieniSieni

RUBY AND YOU

ルビー　アンド　ユー

この日から、自分の部屋が倉庫になった

「これはとても大変だったです。10人それぞれと打ち合わせしていかなければならないし、納期に向かって仕事して、家に商品が届いたら開封してシールを貼ってまた梱包し直したり。自分の家が初めて『倉庫』になりました。そして在庫を持ったりとか、お金の計算をするとか、請求書を書くとか、今まで全くやってこなかったことを覚えたのです。もちろんノウハウはなかったので、周りの人に助けを求めながらです。皆さんには本当に感謝しています。

　無我夢中で準備してきたこのイベントは、大成功を収めることになりました。私はここで初めて『自分が芸能界を辞めてやってきたことは間違いじゃなかった』と実感することができたんです。

　そしてこれが名古屋栄三越や阪神百貨店梅田本店でのポップアップショップにも繋がっていくのです。夢は私が思っていた以上に広がり、そして叶っていきました」

ブラウス・スカート・イヤリング／
RUBY AND YOU
花冠・リング制作／巻智子（編集部）

パティシエではないし、デザイナーでもないけれど

「正直、仕事が少ない時期は、自分でも「これでいいのかな」って思うこともありました。投資するお金は必要ですけど、全然入金がない月もあったし。でも今はそんな不安を乗り切って、この道を歩んで良かったって思っています」

「魔法みたいに夢が次々に生まれて叶っていったのは、自分が夢中になってお金や時間を掛けたことが実は土台にあって、その後はやりたい気持ちを素直に話したことがあるからじゃないかと思います。『私はこういうことがやりたいです。もしよろしかったら協力してもらえませんか』ってお願いして。それに皆さんが応えてくださった」

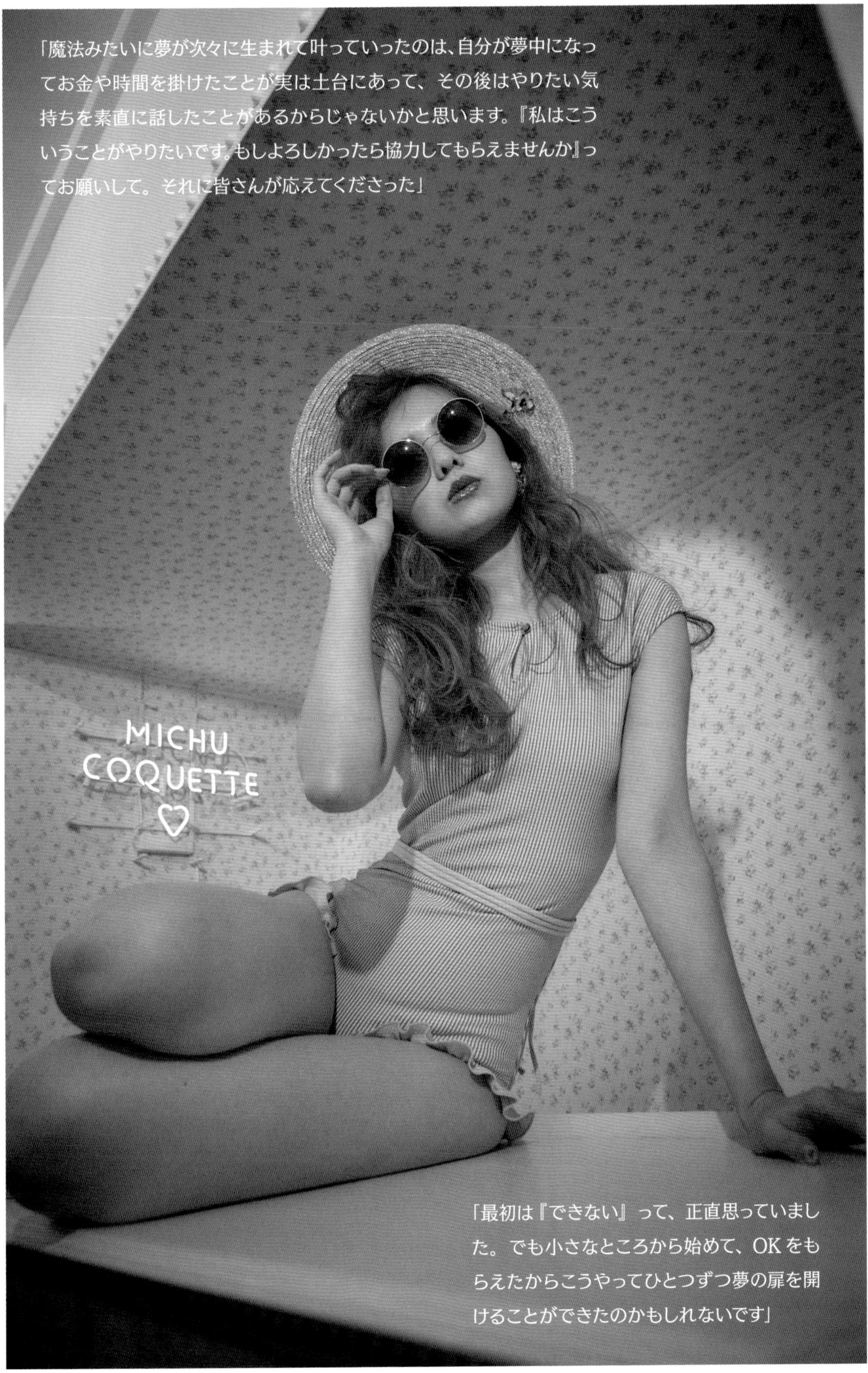

「最初は『できない』って、正直思っていました。でも小さなところから始めて、OK をもらえたからこうやってひとつずつ夢の扉を開けることができたのかもしれないです」

水着・帽子・サングラス／ RUBY AND YOU
イヤリング／佐藤すみれ私物

「『芸能界を辞めたあの人は今?』って興味を持たれることはよくありますけど、私は今もファンの方に支えられ、好きなものにも支えられているし、昔以上に幸せに生きていると感じています。自分自身の色、すみれ色に染まって、今また羽ばたいていると感じています」

第2のすみれ人生のミッションとは

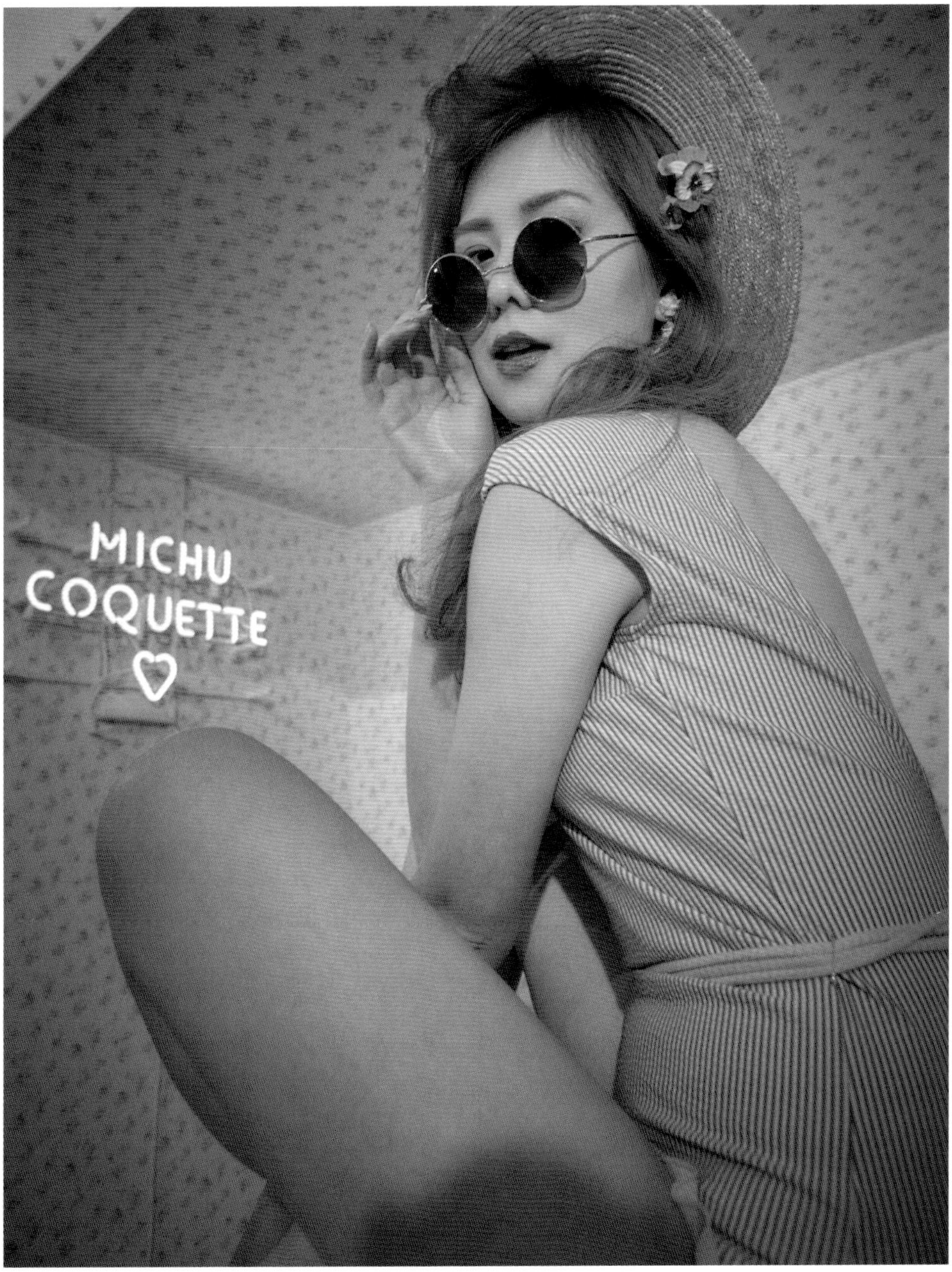

「始まったばかりの第２のすみれ人生のミッション？　そうですね。すみれという名前を付けてくれた母からずっと言われ続けていることがあるんです。『すみれの花言葉は誠実、優しさ、小さな幸せ。このみっつを忘れないようにね』って。

　特に小さな幸せって、小さくても人間にとってとっても大きい大切な存在。たとえば私は可愛い服を着て、可愛いスイーツを食べていると元気になるわけで、そういう楽しい時間があれば辛い時も乗り切っていけるんです。だからすみれ流にはなるんですけど、スイーツやアクセや服を提案していって、皆さんに小さな幸せを伝えていけたら嬉しいなと考えているんです。

　すみれ色の魔法は、これからももっともっと続いていきます……！
　皆様、おつきあいどうぞよろしくお願いいたします」

第 2 章

❤大好きなロリータ服を着て演じます❤
すみれにまつわるロマンチックなお話

文献に残されていたり、語り継がれている、
すみれにまつわる素敵なお話を集めました！
意外と残酷だったり、素朴だったり。
ロリータ服を着て、モデルになったすみれさんの姿も特別です！

写真／小野寺廣信（Boulego）
スタイリング／横田直子
ヘア＆メイク／双木昭夫（KURARA SYSTEM）
構成＆文／鈴木真理子

「本にまつわる話をします。

　中学生の時は、授業を受ける時間より図書室にいる時間が大好きでした。

『いつか本を出版したい』『そしたら国語の成績を上げなきゃ』『じゃ、本をたくさん読まなくちゃ』みたいな流れだったんです。

　実際図書室に行ってみたら本を読むのも、司書の方や、集まってくる人とヒソヒソお話する時間も楽しくて。部活には入っていなかったから、授業が終わるとまっすぐ図書室に行っていました。だから国語の成績は、確実に上がりました。

　ここからは書物などに残されたすみれに関するお話を元に、ロリータ服を着て写真を撮り、それぞれの話の主人公を演じています！

　すみれにちなんだ素敵な習慣や、ロマンチックな、お話を楽しんでください」

佐藤すみれ

Triple*fortune《トリプル フォーチュン》

part1

西欧に伝わる習慣と書物の中のすみれ物語

ヨーロッパを中心に伝わる、すみれのお話。可愛いだけでなく、残酷で悲しいお話もあって、意外なんです！

ワンピース／ Triple*fortune
リボン／ヘアメイク私物
ネックレス／スタイリスト私物

ヨーロッパに伝わる伝説より

すみれが、三色すみれになった話。

ある春の日。天使が地上に降り立った。
MR
エムアール

天使はそこで美しいすみれを見つけた。

天使はすみれに囁いた。

「まことの愛の心を世の人々に伝えておくれ。

私達の面影をお前達に映してあげるから」

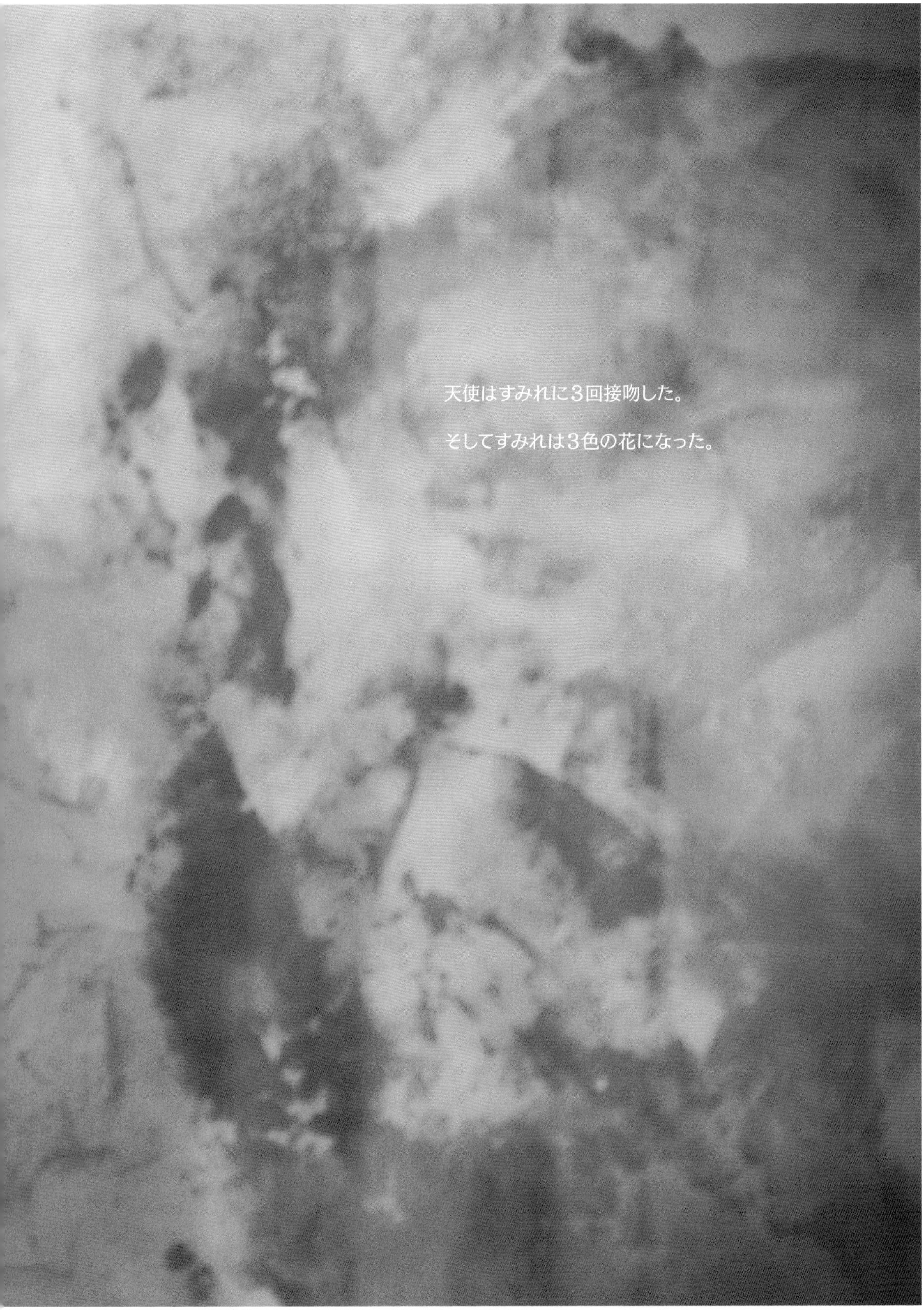

天使はすみれに3回接吻した。
そしてすみれは3色の花になった。

ワンピース・コルセット・ヘッドドレス（羽根）・ハンドベール／ MR
リング／ RoseMarie seoir
ヘッドドレス（花）・ロザリオ／スタイリスト私物

Angelic Pretty
アンジェリック プリティ

ある日、美の女神ヴィーナスが、
息子である愛の神キューピッドを連れて出掛けました。
そこで美しい娘達が踊っているところに出くわしました。

その姿があまりに優雅で美しかったので、
ヴィーナスはキューピッドに尋ねてみました。

「あの娘達と私、どちらが美しいと思う?」

ローマ神話より
ヴィーナスに殴られ、紫色のすみれになった娘達の話。

　キューピッドはヴィーナスに、
「あの娘達のほうがヴィーナスより美しいです」と答えました。

　ヴィーナスはかんかんになって怒り、娘達の顔を殴り続け、
彼女達は紫色に腫れ上がってしまいました。

　気の毒に思ったキューピッドが娘達を花に変えてあげました。
それがすみれなのです。

ドレス・グローブ・タイツ・シューズ／ Angelic Pretty
花冠／ InEden
ヘアピン／ PieniSieni
イヤリング制作／鈴木真理子（編集部）

イギリスの劇作家・シェークスピアの戯曲『夏の夜の夢』より

三色すみれの絞り汁は、危険な惚れ薬、というお話。

　一年の中で、妖精達が最も活発に動き回るのは、夏至祭の前夜なのだろう。
この日妖精の王オーベロンが、いたずら好きな妖精パックに頼んだのは
三色すみれでした。三色すみれを絞って、眠っているものの目蓋に注ぐと、
注がれたものは、目覚めた時、最初に見たものに夢中になってしまうから……。
パックは若者達の目蓋にすみれの絞り汁を掛けていきます。
これから恋の珍騒動が起こり、大混乱になるでしょう。

……さあこの娘さんは、目が覚めたら誰に夢中になるのでしょうか？

ワンピース・カチューシャ／Angelic Pretty
チョーカー／スタイリスト私物

聖母マリアに関する言い伝えより

薔薇、百合、すみれは聖母マリアを象徴する花、というお話。

中世の西欧キリスト教圏で
聖母マリアを象徴する花は、
薔薇（慈愛）、百合（清純）、
そしてすみれ（控えめさと誠実）だったと
言われています。

ブラウス・ジャンパースカート・
ヘッドドレス・ネックレス／Angelic Pretty

ドイツの詩人ハイネによる作品より

詩『瞳は、青いすみれ』

「瞳は、青いすみれのよう。
頬は、赤い薔薇のよう。
手は、白百合の花のよう。
どの花も競って咲いていた。
しかし……、
彼女の心は腐っていたのです」

花のように美しい女性が、
心まで美しいとは限らない。

ワンピース／Angelic Pretty
ヘッドドレス／corgi-corgi
イヤリング／RoseMarie seoir
ネックレス／スタイリスト私物

Innocent World

イノセントワールド

カナダの作家L・M・モンゴメリによる作品より

小説『赤毛のアン』の中の、すみれと紫水晶の関係話。

紫水晶《アメシスト》を熱愛するアン。
養母のマリラの紫水晶のブローチを見せてもらいながら、こう言います。
「マリラ、紫水晶って、おとなしいすみれの魂だと思いません？」と。

ワンピース・リボン・ソックス・靴／Innocent World
リング／佐藤すみれ私物　ブローチ／ライター私物

ハプスブルク家に伝わる習わしより

3月になると、ドナウ河畔のすみれに挨拶に行く話。

オーストリア・ハプスブルク帝国の宮廷では、3月になるとドナウ河畔に行って、初咲きのすみれを探して挨拶する習慣があったのだとか。ウィーンに生まれたマリー・アントワネットもフランスに嫁入りする前は、ドナウ河畔のすみれに挨拶に行ったのかもしれませんね。その後、ハプスブルク家に嫁入りした、今も舞台化されるなどして人気のある皇妃エリザベートもすみれをとても愛していて、すみれが入ったお菓子も食べていたくらいなので、その習慣に倣っていたのかもしれません。

ワンピース・グローブ・ソックス・靴／Innocent World
造花／Triple*fortune、corgi-corgi
ハットにつけた花、イヤリング／スタイリスト私物

『すみれ』

ドイツの作家ゲーテによる詩が元。オーストリアの作曲家モーツアルトが歌詞を作った、モーツァルト歌曲集の『すみれ』より

草原に咲くすみれが
身をかがめて、誰にも知られずに咲いていた。
心やさしきすみれの花だった。
そこに若い羊飼いの娘が来た。
楽しそうな足取りで
陽気に歌を歌いながら。

ああ！　すみれは思った。
自分は小さなすみれだけど……、
この中で僕が一番美しい花だったらと！
この娘さんが僕を選んで摘み取り
胸に押し当ててくれたらと！
ああ！ほんのちょっとの時間だけでも、
彼女に抱かれたらと……。

娘がやってきた。
しかし娘はすみれには目もくれず、
無惨にも踏みつけていった。
すみれは倒れて死んだ。
そして歓喜の声を上げた。

僕は死んだ。
だけど恋焦がれる娘の足下で死んでいけたのだ！

なんと可哀想なすみれ、
心やさしきすみれの花よ。

ブラウス・ジャンパースカート・ネックレス・ソックス・靴／Innocent World
カチューシャ／InEden

ギリシャ神話より

天の王ゼウスが悲しみのあまり、イオの瞳を思ってすみれを作った話。

Victorian maiden

ヴィクトリアン メイデン

ギリシャ神話に、イオという美しい娘が出てきます。彼女は天の神殿の巫女で、天の王ゼウスの妃ヘラに仕える身でした。しかしある日草原でゼウスに見初められ、関係を持ってしまったのです。そこにヘラが現れたので、あせったゼウスはイオの姿を白い牛に変えて、浮気がばれないようにしました。ヘラは非常に嫉妬深い女だったのです。

ところで牛になったイオは食べられるものが雑草しかなくなったので、ゼウスは彼女のために柔らかいすみれの葉っぱを作ってあげました。

VICTORIAN MAIDEN

写真右：
オーバードレス・アンダードレス・
ブラウス・ハット／ Victorian maiden
リング制作／巻智子（編集部）
イヤリング／ RoseMarie seoir
手に持ったフェルト製すみれ／ PieniSieni

写真下：
リング／ Q-pot.

しかし結局、二人が草原で戯れているところをヘラに見られてしまったのです。イオは嫉妬に狂ったヘラに徹底的に痛めつけられ、各地を彷徨い、最後には星になりました。

悲しみにくれたゼウスは、イオのことを思い、すみれの葉に、イオの瞳と同じ色の花を付けたのです。

こうしてすみれの花が生まれたのです。ギリシャではすみれのことを「イオン」と呼びます。

フランスの作家デュマの小説『**椿姫**』から、イタリアの作曲家ヴェルディへ。

なぜ椿姫なのに、ヴィオレッタ(すみれ)になったかという話。

ブラウス・スカート／Victorian maiden
ヘッドドレス／corgi-corgi
靴／Angelic Pretty
タイツ／スタイリスト私物

マルグリットは19世紀パリで生活する、美しき高級娼婦。彼女とその夜遊びに行けるかどうかは、手に持っている椿の色でわかるとか……。華やかな生活を送っていた彼女ですが、青年アルマンと出会うことで、生活をあらため献身的な女性になろうとします。

しかしアルマンの父の計らいで、二人はお別れすることに。アルマンはマルグリットを恨み、心身共にやつれたマルグリットは、アルマンへの愛情を伝えることなく、ひとり寂しく死んでいくのです。

このマルグリットは、オペラになる時にヴィオレッタと改名されました。
本当はすみれのように純真な女性だという気持ちをこめたかったのでしょうか。

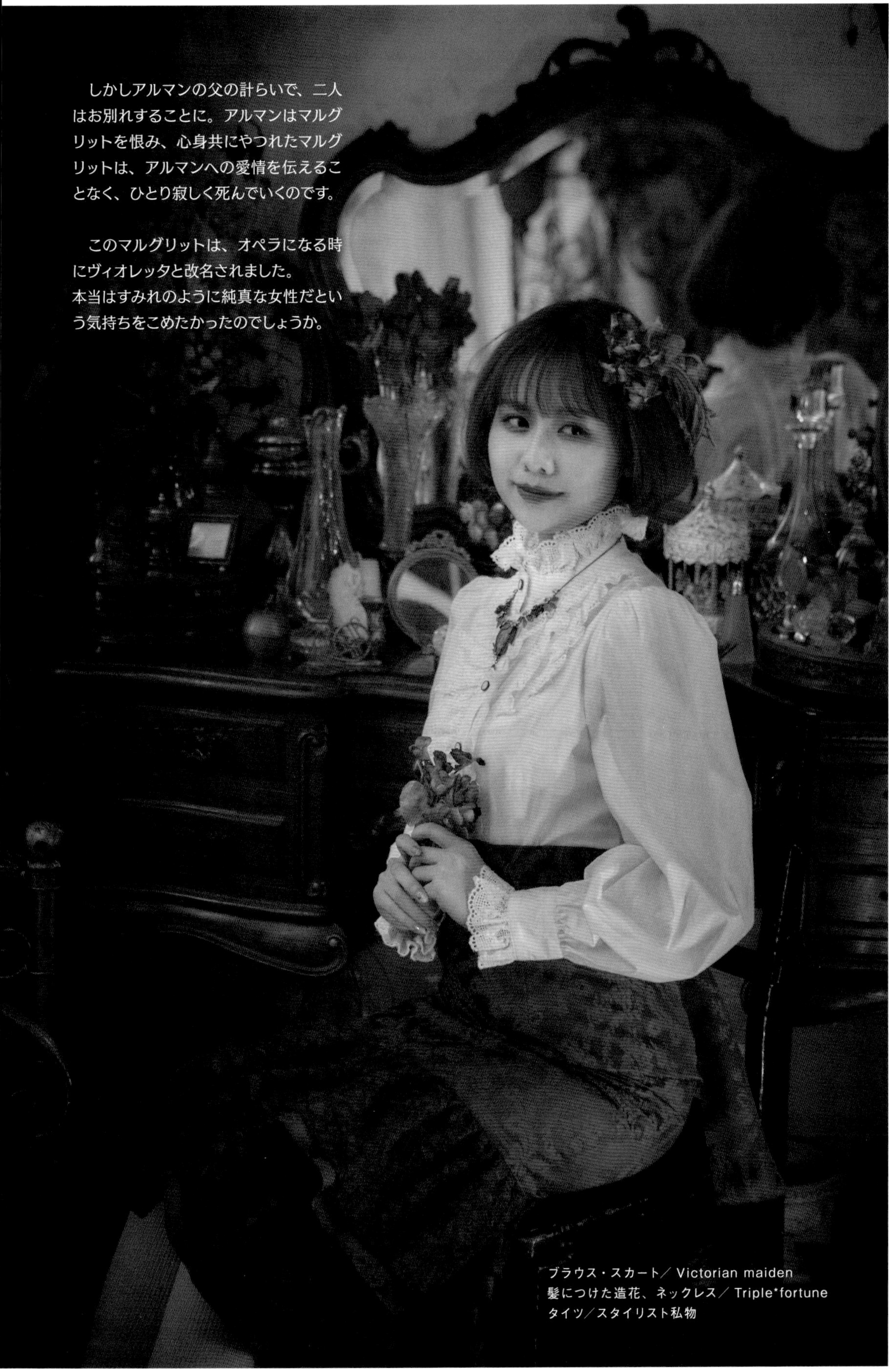

ブラウス・スカート／ Victorian maiden
髪につけた造花、ネックレス／ Triple*fortune
タイツ／スタイリスト私物

フランスの皇帝ナポレオンにまつわるこぼれ話より

ナポレオンがすみれと元妻を、死ぬまで愛し続けたという逸話。

ジャケット／編集部私物
ハット／ InEden
ペンダント制作／横田直子（編集部）

フランスの革命家で、一時期にはヨーロッパを征服までしたナポレオン。そんな彼は意外にもすみれが大好きで、エンブレムにすみれをあしらい「すみれ伍長」とまで呼ばれていました。

熱愛した最初の妻・ジョゼフィーヌとの結婚記念日には必ず、すみれを贈っていました。しかしジョゼフィーヌは子を産むことができなかったので、離婚を余儀なくされることに。その後ジョゼフィーヌは二度とすみれを見なくなったそうです。

一方ナポレオンは戦いに破れ島流しにあい、ついに死去。彼が死の間際まで持っていたロケットの中には、なんと枯れたすみれの花びらと、ジョゼフィーヌの髪が入っていたのです。

ワンピース／ La maison de Lilli
イヤリング・ネックレス／
RoseMarie seoir
靴／ Victorian maiden
タイツ／スタイリスト私物

La maison de Lilli
メゾン　ド　リリイ

古代ギリシャの言い伝えより

すみれが結婚式の花冠になった話。

古代ギリシャでは、
すみれは早春の大地に花を咲かせるため、
蘇りのシンボルとして皆に愛されていました。
結婚式では花嫁の花冠になりました。

ワンピース・手に持ったバレッタ／La maison de Lilli
花冠・イヤリング・右手のリング制作／巻智子（編集部）
ネックレス／スタイリスト私物

古代ローマの言い伝えより

すみれの日には、墓にすみれを飾る話。

古代ローマでは２月に「死者の記念日」があり、塩、果物、パン、そしてすみれを墓に供えたという。

ブラウス・ワンピース・タブリエ・カチューシャ／Moi-même-Moitié

Moi-même-Moitié

モワ・メーム・モワティエ

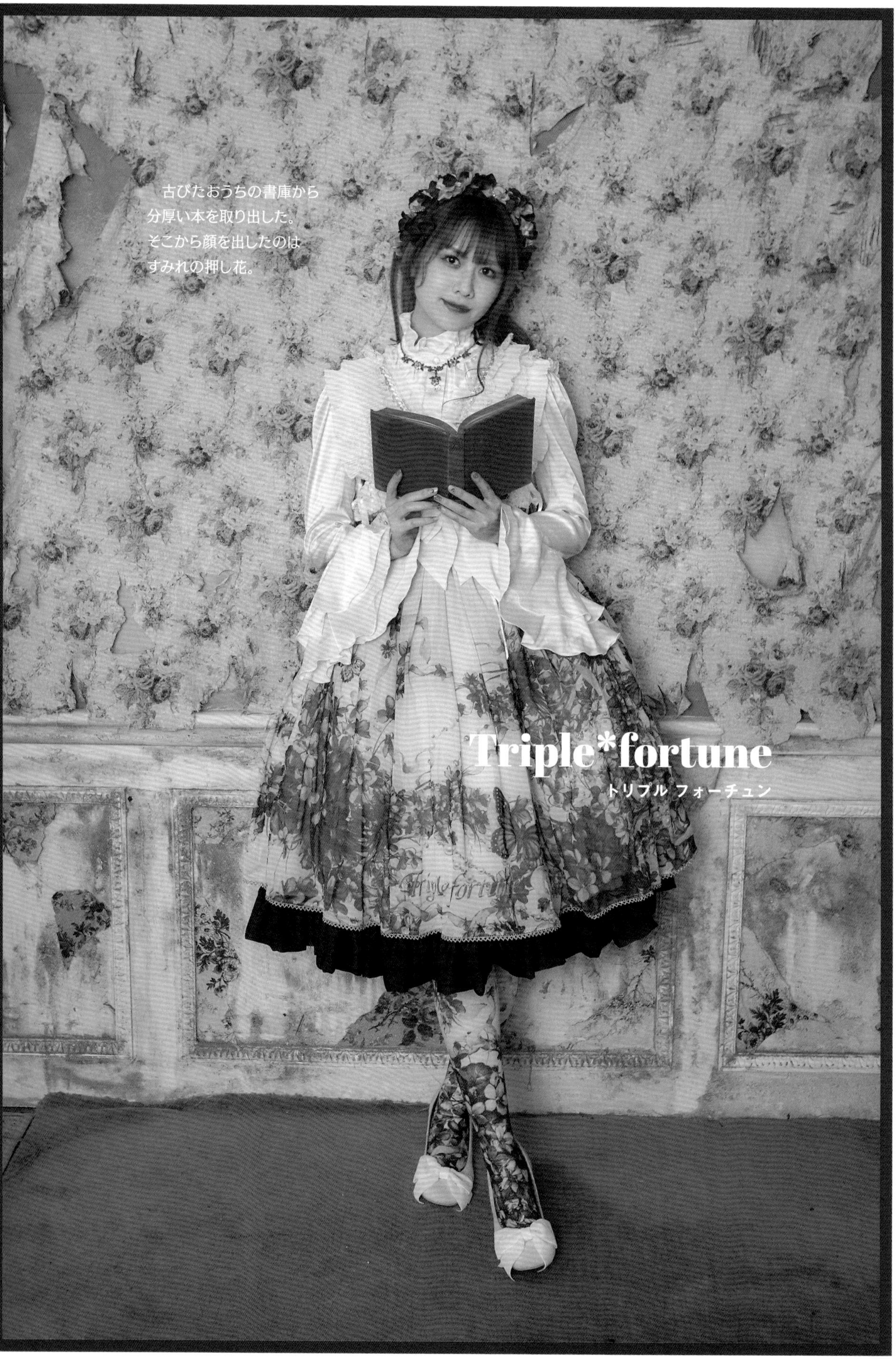

　古びたおうちの書庫から
分厚い本を取り出した。
そこから顔を出したのは
すみれの押し花。

Triple*fortune

トリプル フォーチュン

いつのコかな？
誰の持ち物だったのかな？
ねえ、すみれの押し花さん。
目を覚まして、こっそり教えて。

ブラウス・ワンピース・花冠・ネックレス・タイツ・靴／Triple*fortune

part2

日本の和歌・俳句に うたわれたすみれ達

我が国最古の歌集『万葉集』。そして江戸時代や明治時代の俳人・小説家に詠まれた、すみれの歌達。

浅草さわだ屋

あさくささわだや

春の野にすみれ摘みにと来《こ》しわれぞ　野をなつかしみ　一夜《ひとよ》寝にける

山部赤人《やまべのあかひと》

山吹の
咲きたる野辺の
つほすみれ
この春の雨に
盛りなりけり

高田女王《たかたのおはきみ》

つばな抜く
浅茅が原のつほすみれ
今盛りなりわが恋ふらくは

大伴田村大嬢《おおとものたむらのおおいらつめ》

山路来て
何やらゆかし　すみれ草

松尾芭蕉

すみれ咲く
川をとび越す　美人かな
小林一茶

にくまれし
妹がすみれは　咲にけり
小林一茶

着物一式／浅草さわだ屋

すみれほどな　小さき人に　生まれたし
夏目漱石

わがやどのすみれの花に香はあれど君かすみれの花に及ばぬ
正岡子規

春の霞に誘はれて
おぼつかなくも咲き出でし
すみれの花よ心あらば
たゞよそながら告げよかし
汝《な》れがやさしき色めでて
摘みてかざして帰りにし
少女《をとめ》よ今日も来たりなば
「君をば戀ふる人あり」と。

国木田独歩

わが歌は芙蓉のしろき梅の清き恋はすみれの紫をこそ

与謝野鉄幹

ふたりして祈るをよそにすみれぐさ
紫ならぬ花さかばいかに

与謝野晶子

きけな神恋はすみれの紫にゆふべの春の讃嘆のこゑ

与謝野晶子

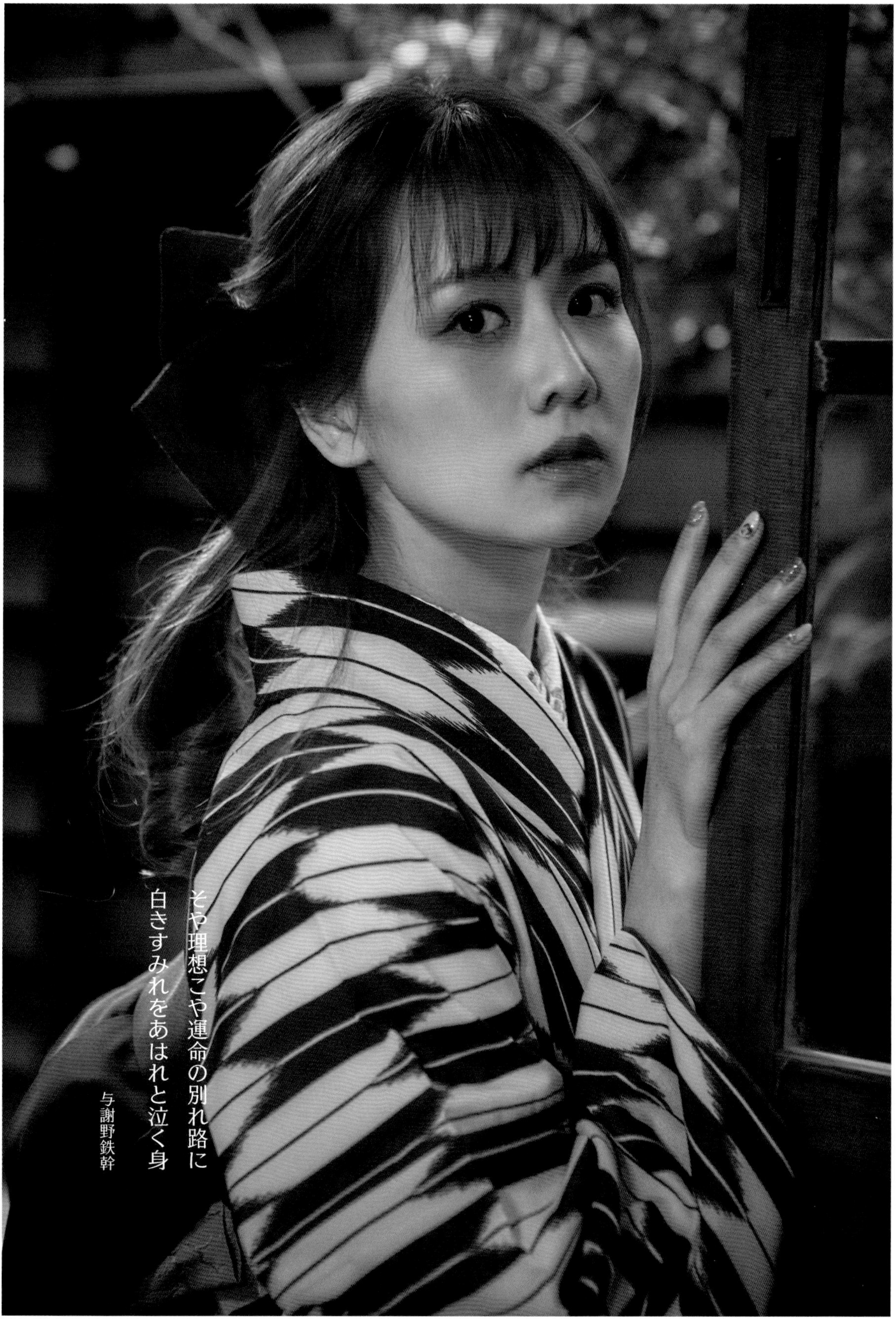

そや理想こや運命の別れ路に
白きすみれをあはれと泣く身
与謝野鉄幹

着物一式・エプロン／浅草さわだ屋

第3章

すみれmeets
すみれ大好きアーティスト&友達

花のすみれを愛するアーティストの画廊にお邪魔したり、
スタジオで撮影してもらったり。
ロリータ友達と洋服について話し合ったり、
AKB48卒業生達と過去から今までを振り返ったり。
花のすみれや、佐藤すみれを愛してくれる人達に
会いに行きました……♥

写真／小野寺廣信（Boulego）
スタイリング／横田直子
ヘア&メイク／双木昭夫（KURARA SYSTEM）
構成&文／鈴木真理子

ワンピース・カーディガン・ヘアアクセ・チョーカー／ MILK

佐藤すみれの

「菫色の小部屋」訪問

すみれの花咲く直前、まだちょっと肌寒いある日に、すみれさんが東京・吉祥寺にある霧とリボン 直営 SHOP & ギャラリー《Private Cabinet》に伺いました。ここはデザイナー兼ギャラリーオーナーのミストレス・ノールさんが運営する「菫色の小部屋」と呼ばれる、まさにすみれ色に染まったお部屋。その空間にはすみれ色を愛するアーティストの作品が集まり、折りに触れイベントも開催されているのです。

撮影／小野寺廣信（Boulego）
スタイリング／ミストレス・ノール（霧とリボン）、いまいゆうこ
ヘア＆メイク／佐藤由貴（マーヴィ）
構成 & 文／鈴木真理子

ワンピース・帽子・ブローチ・リング／霧とリボン

ノールさんは書物愛が高じて2008年に「物語を身につけよう!」をコンセプトに、愛書家の日々を美しく彩るオリジナルの服飾品や小間物をお届けするブランド「霧とリボン」をスタートさせたそう。

ここでは『不思議の国のアリス』『シャーロック・ホームズ』『ボンド街のダロウェイ夫人』などの物語を題材に、ドレスやハンドメイド・アクセサリー、オーガニック紅茶、ステーショナリーなどを制作・販売しているのです。

ワンピース・ブローチ・カフス／霧とリボン

ノールさんにとって、すみれ色とはと聞いてみたところ、「私のすみれ色は、和文で表すと『菫色』、欧文では『Mauve』。色味として好きなのは、霧とリボン 直営 SHOP & ギャラリーの壁面の色でもあるグレイッシュなモーヴ色になります。

すみれ色の原点はふたつ。ひとつは、母や祖母が着ていた和服の美しい菫色。もうひとつは、小学生の頃、その瀟洒な雰囲気に強く惹きつけられて、ほぼ毎日寄り道していた廃墟になった洋館のすみれ色。外壁の煉瓦が木々の鬱蒼のせいで翳りのあるすみれ色に見えていました。

このふたつの大切なすみれ色の記憶が美的感覚に影響するようになり、やがてすみれ色が単なる色彩ではなく、美意識や世界観として深まっていくようになりました。繊細で優美なもの、清冽でやさしい雰囲気、また同時に小暗く頽廃的な世界。そしてそれらの美を生み出し愛する自由で臈長けた感性を『菫色的』と感じています」ということなのだそう。

ワンピース・帽子・カフス・リング／霧とリボン

昨年より会員制の社交クラブ《菫色連盟》もスタート。文学、アート、モード、音楽など、カルチャー全般を通して、皆との語り合いを楽しむ場ももうけているのだそう。

せっかくなので今日はこの菫色の小部屋に置かれたOrlando（by ネバアランド ＆ 霧とリボン）はじめ、オリジナルのドレスや帽子、アクセサリーなどを身につけさせてもらって撮影しました。

ちょっとレトロに大人っぽく。「菫色の小部屋」色に染まったすみれさんは、いかがですか？

山口友里《菫の片靴〜花》2019

ワンピース・カチューシャ・イヤリング・三編みラリエット／霧とリボン

Interview

青木美沙子、深澤翠。現役ロリータとお茶時間

「いつまでロリータやってるの？」って言われても……。

ロリータ服が今でも大好きなすみれと、ロリータ友達の青木美沙子さん、
そして最近知り合ったばかりだというやはりロリータ友達の深澤翠さん。
現役大人ロリータ３人で集まり、自分達の服装について語り合ってもらいました。

写真／RAIRA　取材・文／鈴木真理子

雑誌『ケラ!』で見た美沙子ちゃんに憧れていた

――3人のそれぞれのロリータ歴を教えてください。

翠　私は14、15歳の時からロリータ服を着ていました。

――きっかけは?

翠　雑誌『ケラ!』で見たからです（笑）。ていうか、幼い頃祖母が私にふりふりの服ばかり着させていたので、『ケラ!』を見た時「あ!　こんな服があるんだ」って昔を思い出した。それから原宿にロリータ服の観察に行ったり、通販で買い集めていました。そしてその服を着て、ケラ!読者モデルのみーちゃん（美沙子）がゲスト出演するお茶会とか行って、カメコ（カメラ小僧）になってみーちゃんの写真を撮ったりして……、現在に至っています。

「私はもうずっとピンクの服が好き。そこは変わらない」（美沙子）

すみれ　え……、そうなんだ!

――美沙子さんは当時から、憧れロリータナンバーワンでしたからね!　では美沙子さんは?

美沙子　私は高校の時、カジュアルな古着スタイルで原宿を歩いていて『ケラ!』にスナップされ、それから読者モデルになったんです。ロリータ服は撮影で着させてもらって知りました。でも当時熱烈に憧れていたのは雑誌『Zipper』でパチパチズ（Zipper読者モデルのこと）皆が持ってた、MILKのカーディガンとハートバッグでした。

すみれ　ハートバッグ!　私と同じ!

美沙子　すごく欲しくて、でも学生の時は買えなくて。就職して初めてのお給料で買いました。それからお給料は毎月ほぼほぼMILKへ。可愛い格好に憧れたのは、当時のYOPPYとか吉川ひなのちゃんの影響です。「自分はあんなふうにはなれないけど、でも着たい」って。その後はEmily Temple cuteを買うようになりました。

「私はいつも寒色系のロリータ服を選んでます!」（すみれ）

ロリータ服はハードルが高くて、手が出せなかった

――それぞれロリータ服を着た時の気持ちはどうでしたか?

翠　「あー、お姫様みたい。……あれ、私お姫様になりたかったんだ」って思いました。

すみれ　わかる!

美沙子　私は「あ、これを着ればコンプレックスを隠せるんだ」と思いました。当時アトピーだったんですけど、肌を隠せるし、体型も隠せるし。それにピンクを着ることで自分に自信が持てるようになったんです。

――美沙子さんはスタートは甘い系の服で、ロリータではなかったんですね。

美沙子　ロリータ服を買うのが遅くなったのは、ハードルが高かったから。仕事には着ていきづらかった。

すみれ　それをいうなら私も!　AKBのメンバーの服はわりと普通。ひとり浮くのが嫌だったので、あまりロリータ服でキメキメで行ってはいないんです!

美沙子・翠　え――――!?

すみれ　私は『ケラ!』を読んでロリータを知り、読者モデルになりたくて!　初めて撮影現場に行った時なんて、すごいルンルンでした!だって上から下まで私服のロ

「ずっと好きなのは、クラシカル系ロリータ服!」（翠）

リータ服を着ていって、さらに撮影でも用意されたロリータ服を着られるだなんて、って!

美沙子 (笑)。AKBは衣装だって可愛いのに……。じゃ、いつもは私服で可愛い服を着ていくと「それ衣装なの?」って言われたりするわけ?

すみれ そうそう(笑)、そんな感じ。

ヘルメットヘアとか言われて……

——ロリータ服を着ていると、周囲からいろいろ聞こえてきますか?

翠 私は姉がギャルだったから、「本当、ださい」って毎日のように言われてましたよ。

すみれ 私も!!

翠 ぱっつん前髪も「まだヘルメットヘアしてるんだ」って久々に会った同級生に言われたり。「これ可愛いと思っているから」って答えたけど。

美沙子 ロリータは人に見られるためにやってるわけじゃないからね。自分が可愛いと思ってやっているし、モテなくてもいいの。

翠 そして前髪がきれいに仕上がった時の、自分の中の高揚感(笑)!

——そのほかにもロリータ服を着て、とやかく言われたことはないですか?

美沙子 電車の中でじろじろ見られたり、酔っぱらいに絡まれたり。

——平気だったんですか? とくに美沙子さんはロリータとして公の場に立つことが多いので、いろいろ心ないことも言われる頻度も高いかと思うのですが。

美沙子 大人になって段階を踏み、ロリータというものを受け入れてから着るようになったから、そのあたりは大丈夫なんです。

翠・すみれ なるほど!

実際、ロリータ服は、毎日着ているの?

——ガーリーやロリータ服、最近はどれくらいの頻度で着ているんですか?

翠 今日くらいの格好なら結構着ています。ロリータ服はロリータ友達と出掛ける時とか、宝塚を観にいく時に。

すみれ 私も今日くらいの服ならいっぱい着ています! 美沙子ちゃんと出掛ける時は、色違いの双子コーデにしたりね。

美沙子 私は毎日ですね。

——Tシャツにデニムを合わせて着る、とかはしないんですか?

翠 私はお洒落顔じゃないので、Tシャツ+デニムでは格好良く着られないんです! それにまずTシャツが似合わないから着ないです。

美沙子 私の人生で一度もやったことがないコーデです。

すみれ 企業への打ち合わせの時、ラブリーな服装で行くのもな、って思って。でも気持ちが楽しくなるコーデじゃないですね。

ロリータを辞めようと思っても、買うのはフリル服

——ロリータが大人になったら、何を着たらいいと思いますか?

翠 丈が長ければロリータ服でもイケると思う。

美沙子 それで無地でレースが付いているクラシカルロリータ服なら……。

翠 偏見を受けることが少なくなるし、しかもおばあちゃんに誉められますね!

——何歳までロリータ服を着ていたいですか?

翠 何度辞めようと思っても、結局選んでる自分がいるんですよね。甘い系の服じゃないのを買おうと店に行っても、結局フリルが付いている服を選んでる……。

すみれ そうそう! だって好きなんだもん。選ぶ服のリボンの数が減ってはいるけれど、ないわけにはいかない。

美沙子 今更、普通の服って何?って感じなんです。

翠 他の服って興味持てなくなりますよね。ロリータ服は特に高いだけあってすごくきれいに作られているから、他の服がただの布に見えてしまうことがあるもん(笑)。

——3人ともまだまだずっと着ていそうですね!

なぜか3人のカップは、それぞれの服と同じ色でした……♥

佐藤すみれ（さとう すみれ）
1993年、埼玉県生まれ。AKB48在籍時代にはロリータモデルとして雑誌『ケラ!』やロリータブランドAngelic Prettyの広告に出演。AKB卒業後は2020年に青木美沙子、深澤翠と共にロリータブランドInnocent Worldのモデルとして起用されている

青木美沙子（あおき みさこ）
1983年、千葉県生まれ。看護師・ロリータ系モデル。日本ロリータ協会会長。2009年、外務省よりカワイイ大使に任命。以後ロリータを普及させるべく世界中を飛び回っている。
Twitter ● @aokimisako

深澤翠（ふかざわ みどり）
千葉県生まれ。ゴシック&ロリータ、青文字系モデル。上田安子服飾専門学校特別講師。モデルとしてファッション誌などで活躍するほか、世界各国のイベントに出演。
Twitter ● @fukasawamidori

対談した場所／カフェ&ダイニング ゼルコヴァ
すみれさんと美沙子さんのお気に入りカフェ。鳥籠になったカフェスペースも……。

東京都港区北青山3-6-8
ザ ストリングス 表参道1階
☎ 03・5778・4566
HP ● https://www.strings-hotel.jp/omotesando/
Twitter ● @Strings_omo
Instagram ● stringsomotesandoh

すみれの妖精
in 七色より少しくすんだところ

by SAKUnoTORIDORI

レトロで愛らしい演出をして、ご自分のスタジオ「七色より少しくすんだところ」で作品作りをするSAKUnoTORIDORIさん。彼女のも元に訪れて、「すみれの妖精」をテーマに撮影してもらいました！ こんな素敵な羽根を付けたなら、自由に花から花へと飛び回ることができるでしょうか……？

写真・ヘア&メイク・衣装&プロット制作／SAKUnoTORIDORI　羽根制作／alpha
すみれの髪飾り／InEden　ケーキとカクテルに使用したエディブルフラワー／うずの華
撮影協力／七色より少しくすんだところ　文／鈴木真理子

境界線の向こうに羽根を持った子がいるよ

彼女は臆病

彼女は用心深い

だって繊細な羽根を持っているからね

壊されたら泣いちゃう

妖精をおびき出すには

すみれのケーキを置いておくといいと聞いた

その甘い匂いと

美しい紫色に惹かれて

そおっとやってくるんだって

すみれのカクテルも側に用意してあげないとね

きっとケーキを食べたら喉が乾くから

ほら

妖精が立ち上がった

「そちらのケーキを頂戴。でも貴方は出ていって」

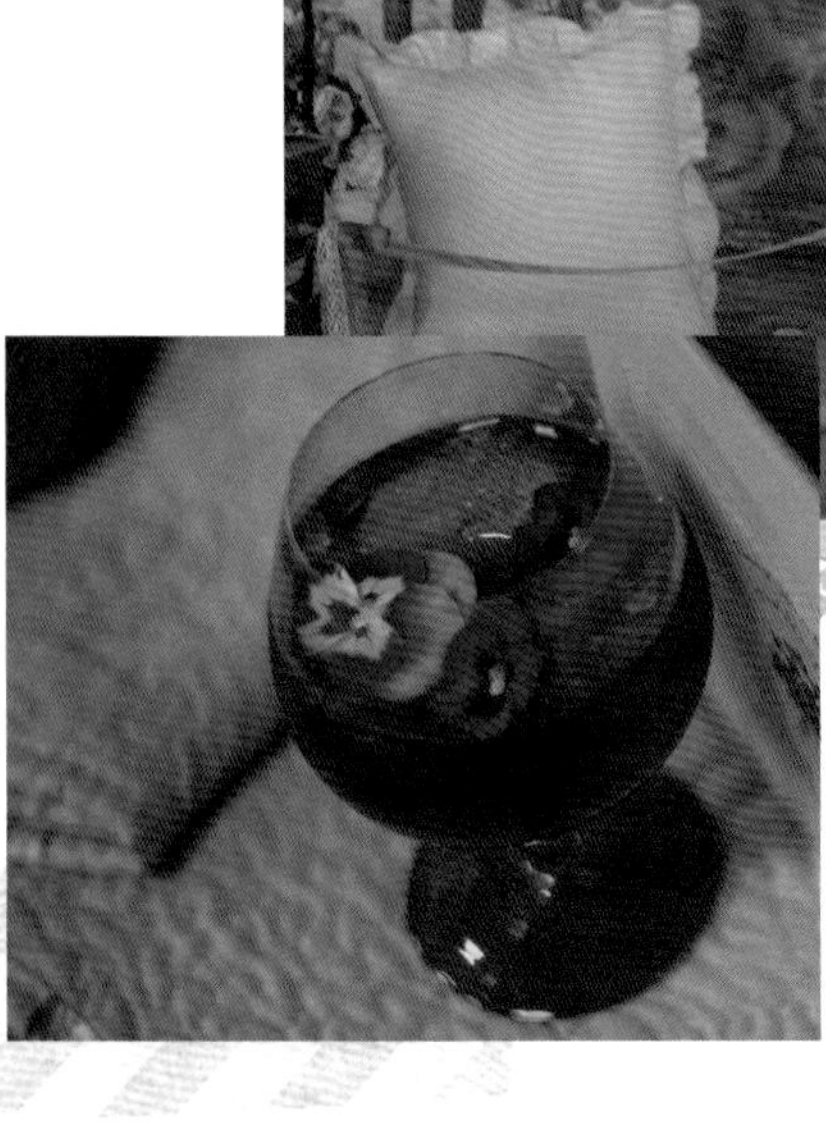

ケーキをお腹いっぱい食べた妖精は

うとうとと眠りに落ちてしまった

僕はただ

君が残したケーキと

寝顔を見ることだけが幸せ

Interview

鈴木紫帆里・小森美果を迎えて

AKB48を卒業した今。

AKB48 を辞めた今も連絡を取り合っているという、すみれにとって大事な友達であり
同志だった2人、鈴木紫帆里さんと小森美果さんに集まっていただき、
AKB48 時代とその後について語ってもらいました……！

写真／RAIRA　取材・文／鈴木真理子

モーニング娘。に入りたかった……

――今日は3人でお集まりいただき、ありがとうございます！　皆さんがどういう経由で芸能界に入り、そして引退していったのかなどをお伺いしたいです。まず紫帆里さんから教えてください。

紫帆里　私は小さい時、ETVの子ども向け番組『天才てれびくん』が大好きで、この番組の中の「てれび戦士」になりたかったんです！　でもその後父の仕事の都合でシンガポールで暮らすことになり、帰国してからモーニング娘。を見てまた憧れて。それでハロプロのキッズオーディションを受けた結果、4次審査で落ちました。その後はもう何もチャレンジしなかったんですが、14歳の時に友達との待ち合わせで渋谷ハチ公前にいたら、「AKBのオーディションを受けませんか？」って声を掛けられたんですね。

――渋谷は芸能界へのスカウトが多いですものね！　でも「あやしい」って思ったりしなかったんですか？

紫帆里　思いましたよ！　だから母親と一緒にAKB劇場に行ってみたんです。それで「面白いな」って思って。とくに麻里子さま（篠田麻里子）が背が高くてきれいで、いいな～♥って思って。で、オーディションを受けたら合格したんです。

――そういえば麻里子さまも紫帆里さんも身長171センチ。実果さん、すみれさんは165センチ。皆、背は高いほうですね！　それだけに親近感が芽生えたのかな？

紫帆里　当時のことはあまり覚えていないんです。

すみれ　覚えていない！　それわかります（笑）。必死すぎて私も覚えていない。

紫帆里　必死すぎでした！　そこには麻里子さまもいるんだけど、でもすごく遠いところにいるっていうのはわかっていました（笑）。

「名古屋に住んでいたので、AKBに入ってから東京まで出ていきました」（美果）

「帰宅して1時間後にまた仕事に出掛けたりとか、玄関で寝落ちしたりとかありました」（すみれ）

家族が勝手に応募して、AKB48入り

――美果さんが芸能界に入ったきっかけは？

美果　私は小さい時からバレエをやっていたんです。お姉ちゃんがやっていたので、憧れて一緒にやらせてもらっていた感じです。小2の時、AKB48募集に、家族が姉と私の分の書類を送ってて。それでお姉ちゃんは最終で落ちたんですけれど、私は合格したんですね。

――なんと。驚きですね！

美果　本当にびっくりしました！

すみれは一人、AKB48から浮いていた

すみれ　私は6歳の時、両親と一緒に新宿髙島屋に行った際、芸能事務所の人にスカウトされました。その時私は興味がなかったんですけれど、母親が「やってみたら面白いかもよ」って薦めてくれたので……。実際にやってみたら学校より全然楽しく

「移動も車なのであちこち行っても、
自分がどこにいるのかよくわかっていなかった」（紫帆里）

佐藤すみれ
1993 年、埼玉県生まれ。
6 歳からの子役時代を経て、AKB には
2009 ～ 2018 年の間、在籍。

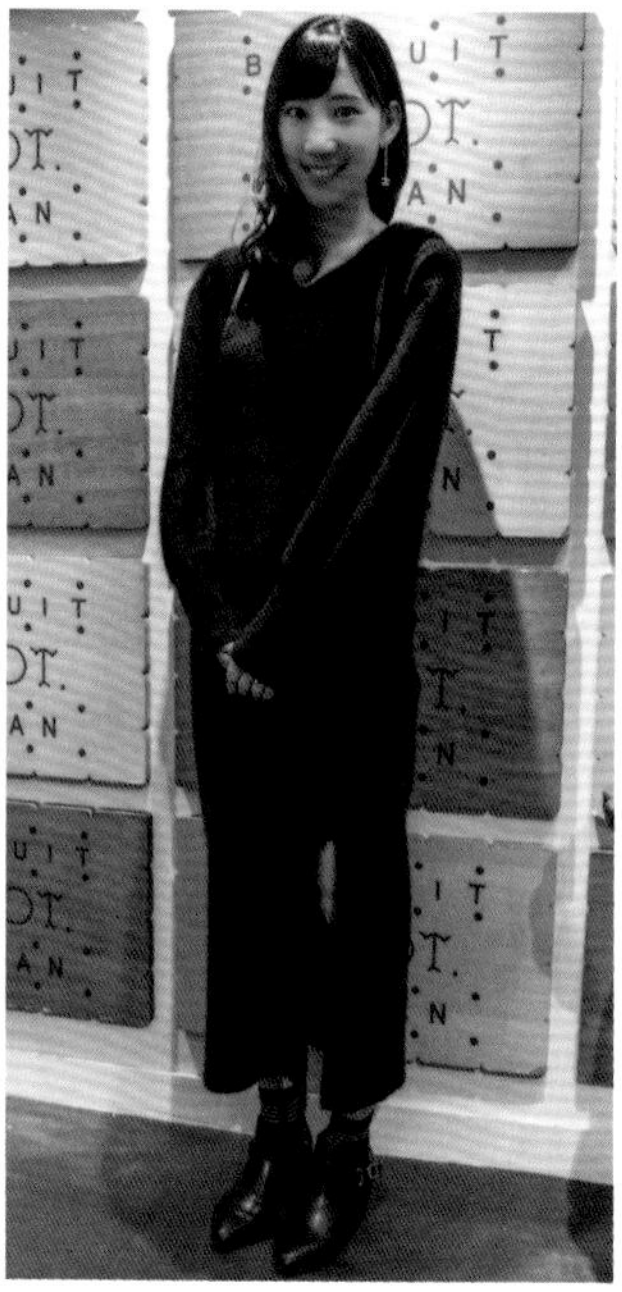

鈴木紫帆里（すずき しほり）
1994 年、神奈川県生まれ。
AKB には 2009 ～ 2015 年の間、在籍。

小森美果（こもり みか）
1994 年、愛知県生まれ。
AKB には 2009 ～ 2014 年の間、在籍。

て、1週間のうち半分はレッスンを受けたり、オーディションを受ける生活をするようになっていました。合格もしたし、落ちもしましたけれど。広告のモデルや、ミュージカルや、いろんな仕事をさせてもらいました。その後中1になった時に私もモーニング娘。に憧れて審査を受け、最終で落選。この時はかなりがっかりして、次にAKB48の話が来た時に「もうこれで最後にしよう。落ちたらちゃんと進学しよう」って受験の用意を始めたら、合格したんです。

美果　すみれは「私、芸能界長くやっていて、もうバリバリです！」って感じだったね。

すみれ　私だけ芸能歴が長いから、ひとり異次元だったよ～。

美果　すみれは入った時からダンスも歌もうまかった！　そして私達がレッスンをさぼっていると、厳しかった（笑）！

すみれ　だってそれが当たり前だと思ってたから（笑）！

美果　学校優先、レッスンはその後って人も多かったし。レッスンを最優先にしてた私達は熱すぎた感もあったのかも。私達は仕事だと思ってたけど、部活感覚の人もいたよね。

すみれ　私はAKB48に入るって決まってから、高校は通信制にしたんですよ！

なぜAKB48を辞めたくなったのか？

――さてAKB48に入って後、辞めることになった理由をお伺いしたいです。

紫帆里　私はいつも母を見ていて、母みたいに一般企業に入りたい、という夢があって。それで就活を理由に辞めました。

美果　私は子供を産んで、ふつうのお母さんになりたい、という夢もあったので、そう事務所に伝えて辞めました。

――もっと長く芸能界にいたい、っていう気持ちはなかったんですか？

紫帆里・美果・すみれ　なかったですね。もう本当に、芸能界でのいろんな仕事を体験させてもらって、充分やりきったという感じでした。

――いやなことを体験したとかは？

紫帆里　いいことも悪いこともいろいろ体験しましたけど、全然寝る時間がなかったのは辛かったですね（笑）。スケジュールも前日までわからないことがあって、遊びに行けないとか。

美果　髪の毛を染めちゃダメ、ピアスもダメだった。髪の毛染めたかったです……。

すみれ　夢は叶えられたけど、自分に不向きな仕事もしなくちゃいけなかったり。私はバラエティ番組が不得手だったんです。

―人気の取り合いで疲れたりとかは？

紫帆里・美果・すみれ　それが意外と私達の時にはなかったんですよ。階段のすみっこに集まって、なんとなく仲良くなっていました。

自分の子供はアイドルにさせますか？

―紫帆里さんはその後どうされたんですか？

紫帆里　希望の会社に入りました！

―ＡＫＢ48に在籍していたということは、就職にとって有利に働きましたか？

紫帆里　はい、もちろん！　面接の時、明るくはきはきと話ができましたから。

―美果さんのその後は？

美果　実は、もとＡＫＢ48のメンバーが焼き肉屋さんを経営していて、そこでバイトさせてもらっていました。結構この店には卒業生がバイトしに行っているんです。その後、結婚して今は2歳と4歳の子供がいます！

―願い通りになったんですね！　ではお子さんが将来、「芸能界に入りたい」って言ったらどうしますか？

美果　うーん……。

紫帆里　親が辛い。少なくとも自分から薦めはしない。

すみれ　親のサポートがないとできない仕事だよね……。洗濯も荷物の用意もいろいろしてもらってた。

美果　……私、時々子供に自分のＡＫＢ48時代の動画を見せることがあるんですよ。すると「ママだ！　ママ可愛い～♥」って言ってくれるんですね。……だから、もし自分の子供が「芸能界入りたい」って言ったら、「受けてみなよ」って言うと思います！

紫帆里・すみれ　絶対合格するよ！

ＡＫＢ48を経験して良かったことは？

―最後に。ＡＫＢ48を経験して良かったですか？

紫帆里　はい！　今思うといろんなことがありましたけど、普通の10代では体験し得ないことを体験できたし。

美果　どんなことが起きても驚かなくなった！

すみれ　はい！　私はＡＫＢ48を通して、初めて自分のファンというものを得ました！　卒業後、今も応援してくださる方がいるので、本当にありがたく思っています！

対談した場所／Q-pot CAFE.
すみれのお気に入りカフェ。
第1章の撮影でもロケ地としてお借りしました！
東京都渋谷区神宮前３－４－８
☎ 03・6447・1218
HP ● https://www.q-pot.jp/shop/cafe/
Twitter ● @QpotCAFE
Instagram ● qpot_official

第4章

すみれと愛すべき
ブランド達について

すみれさんは2018年から、ブランドやカフェと一緒に、
たくさんのコラボグッズを作ってきました。
そのアイテムの数々をお見せします！　今回この本でお世話になった、
大好きなブランド、メーカーのご紹介も合わせて
ご覧になってください！

写真／RAIRA

CAFE ACORITEでは、時々佐藤すみれコラボスイーツを展開♥
帽子→P114～「佐藤すみれプロデュースグッズ」
ワンピース／佐藤すみれ私物

撮影した場所／CAFE ACORITE
ご自慢のシフォンケーキを食べながら、
シャンソンが聴けるカフェ。
東京都豊島区目白3-4-15
☎ 03-5982-5993
HP ● https://www.acorite.com/
Twitter ● @cafe_acorite
Instagram ● cafe_acorite

2019年12月の限定メニューだった、CAFE ACORITE
×佐藤すみれコラボ「すみれの魔法ケーキセット」

2019年に佐藤すみれがプロデュースしたグッズ達

Sucre Violetteは佐藤すみれのオリジナルブランド名。
Violet Sugar Creamは、2019年からスタートした、佐藤すみれポップアップショップ名。
※商品の販売は終了していますが、今後再販される可能性もあります（2020年2月現在）

撮影／RAIRA

Moon Prim コラボ
イヤリング

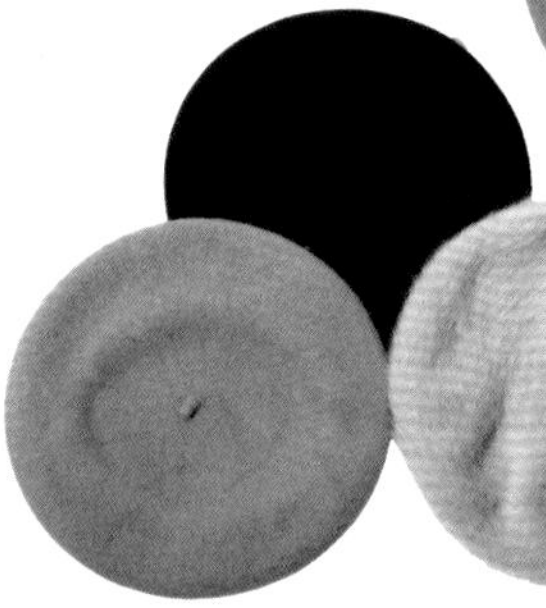

Sucre Violette
ベレー帽

Manon Tokyo コラボ
リボン付きブラウス

Mermaid Pink コラボ
イヤリング

Sucre Violette
トートバッグ

Moon Prim コラボ
クリアポーチ

Mermaid Pink コラボ
イヤリング

Etoile et Griotte コラボ
iPhone ケース

Tommy fell in love with sweets! コラボ
ネックレス

Violet Sugar Cream
ポスターセット

LAND by MILKBOY コラボ
T シャツ

Cerise コラボ
キャンドル

Mermaid Pink コラボ
イヤリング

mikko illustrations コラボ
ステッカーセット、
アクリルキーホルダー

田中金属製作所コラボ
シャワーヘッド

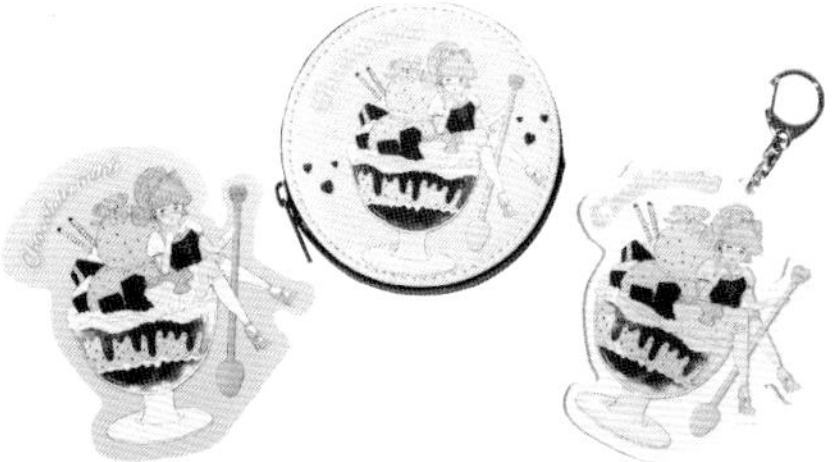

mikko illustrations コラボ
ステッカーセット、コインケース、
アクリルキーホルダー

mikko illustrations コラボ
ハンカチタオル、レターセット、
アクリルキーホルダー、楕円ミラー

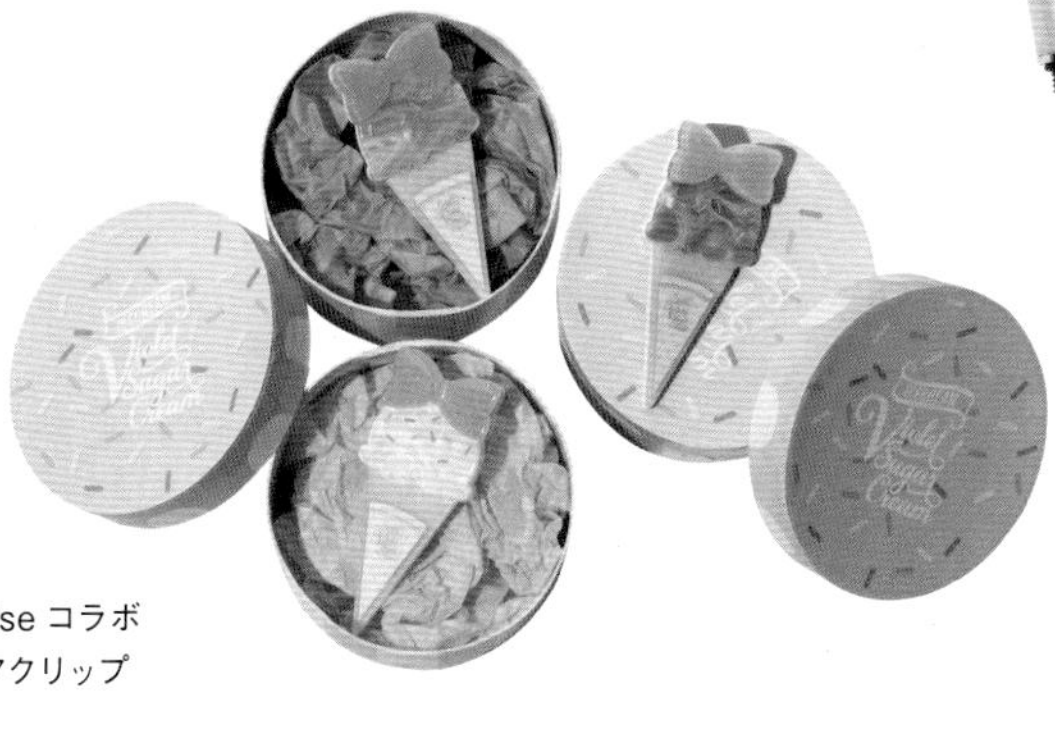

Cerise コラボ
ヘアクリップ

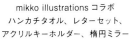

LAND by MILKBOY コラボ
缶バッジセット

TicTicmie.. コラボ
リング

Manon Tokyo コラボ
トートバッグ

Moon Prim コラボ
イヤリング

mikko illustrations コラボ
T シャツ

Sucre Violette
チョーカー

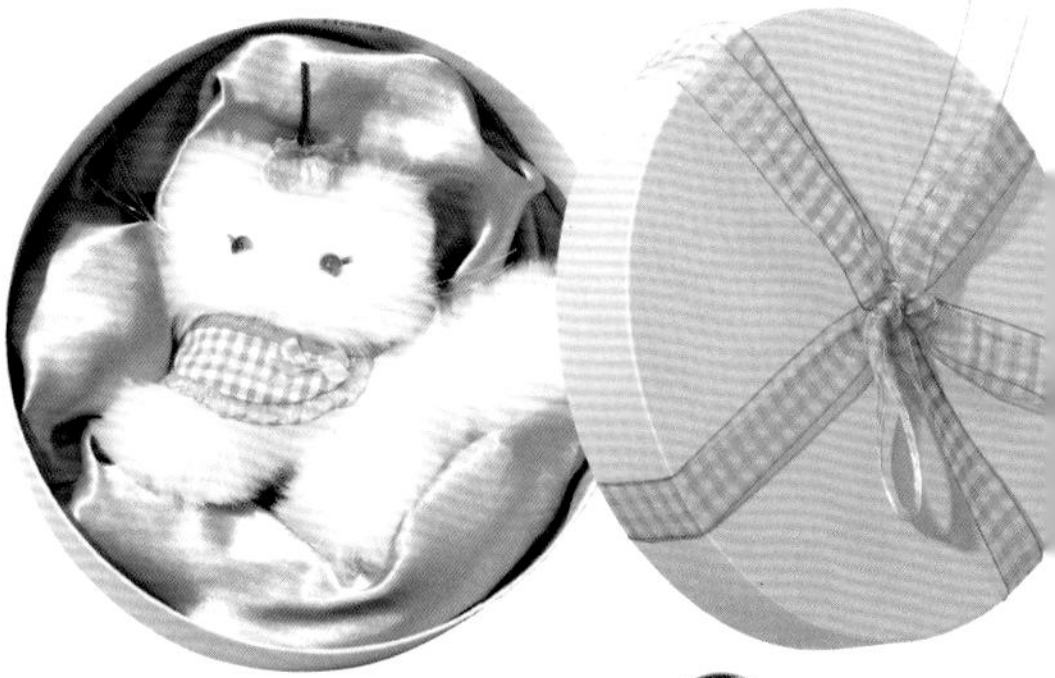

kyancy house コラボ
ぬいぐるみ

Moon Prim コラボ
ポーチ

サンリオ ポムポムプリンコラボ
缶ミラー、ステッカー、アクリルキーホルダー

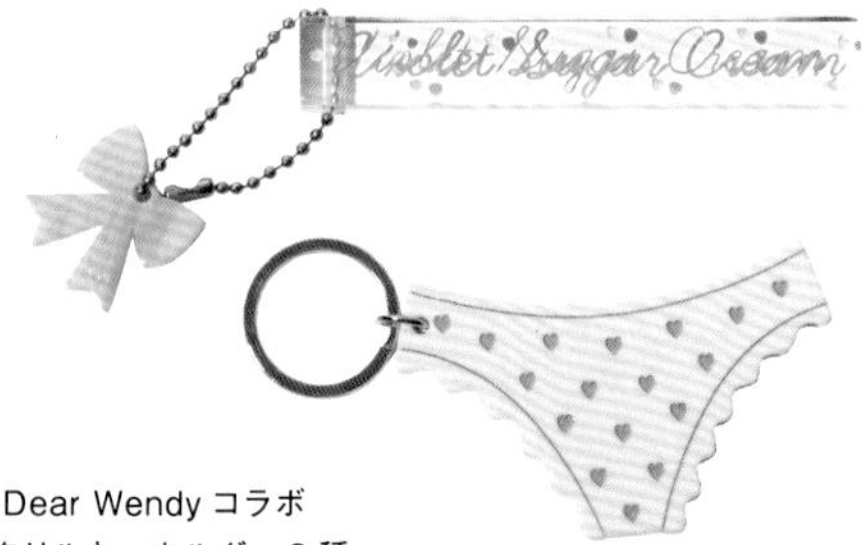

Dear Wendy コラボ
アクリルキーホルダー２種

Manon Tokyo コラボ
チョーカー

Tommy fell in love with sweets! コラボ
ネックレス、リング、イヤリング

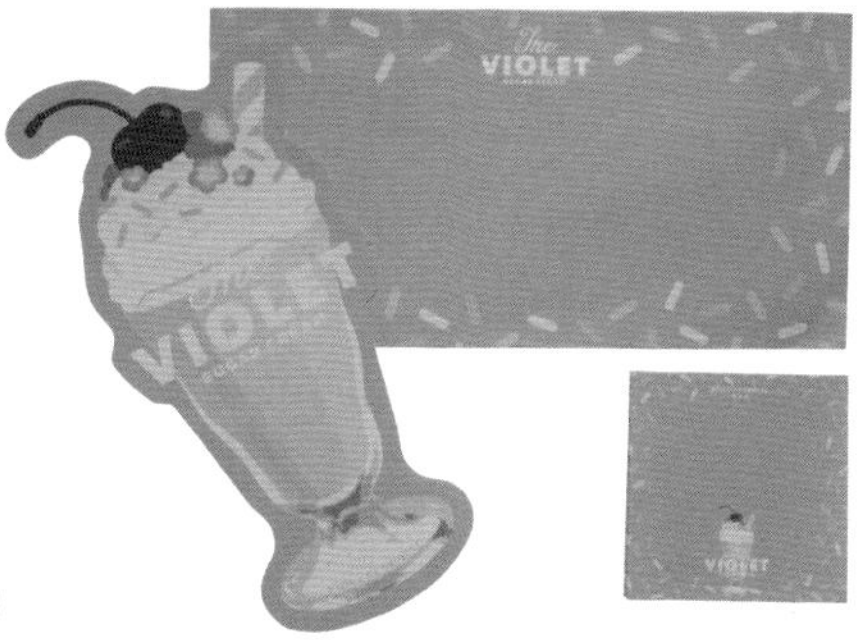

Etoile et Griotte コラボ
メッセージカード、スクエアメモ

Cerise コラボ
帽子箱

mikko illustrations コラボ
iPhone ケース、コンパクトミラー、クリアポーチ

LAND by MILKBOY コラボ
トートバッグ

Mermaid Pink コラボ
イヤリング

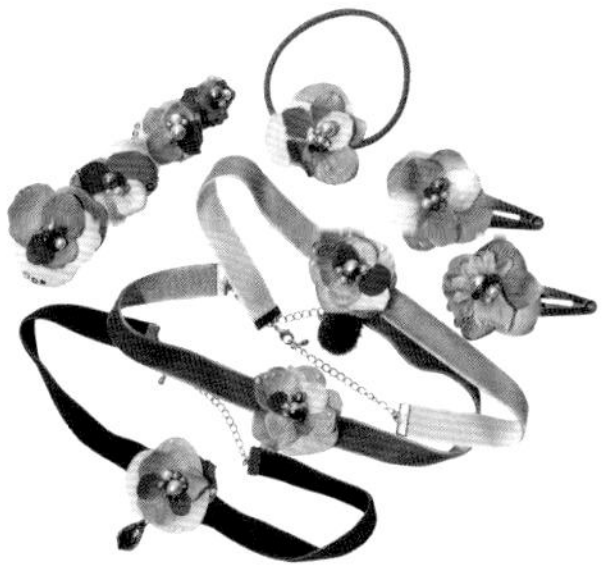

Sucre Violette
チョーカー、バレッタ、
ヘアピン、ヘアゴム

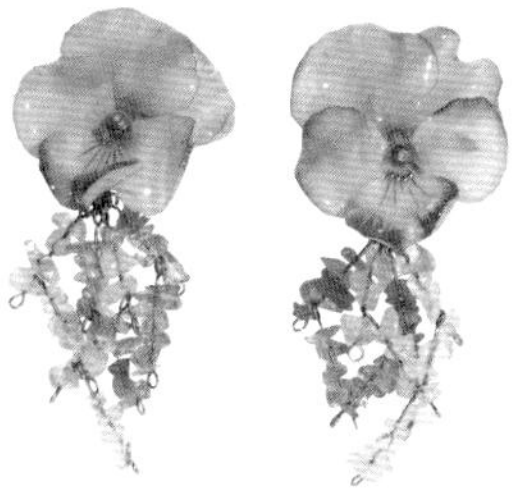

TicTicmie.. コラボ
イヤリング

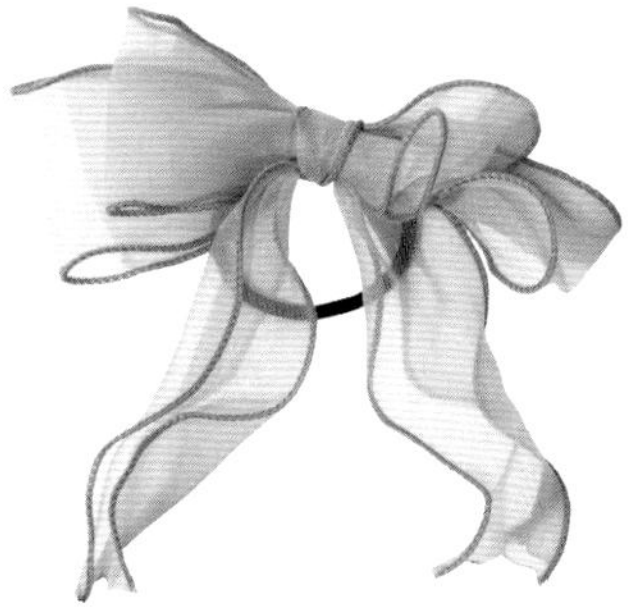

anchovyy コラボ
リボンゴム

LAND by MILKBOY コラボ
T シャツ

Violet Sugar Cream
フォトブック

SHOP GUIDE

佐藤すみれがいつもお買い物したり、お世話になっているブランドや、
今回の撮影でお世話になったショップなど、
この本の協力店・ブランド一覧です！
※掲載商品には、販売終了しているものもあります
（あいうえお順）

Emily Temple cute
（アパレルブランド）

【問い合わせ先】
☎ 03-6457-4558

HP ● http://www.emilytemple-cute.com/
Twitter ● @Emily_cute2014
Instagram ● emilytemplecite_official

Innocent World
（アパレルブランド）

【問い合わせ先】
info@innocent-w.jp

HP ● http://innocent-w.jp/
Twitter ● @iw_osaka
Instagram ● innocentworldofficial

浅草さわだ屋
（オリジナル着物レンタルショップ）

【問い合わせ先】
asakusasawadaya@gmail.com

HP ● https://www.instagram.com/asakusa_sawadaya/
Twitter ● @sawadaya_
Instagram ● asakusa_sawadaya

Q-pot.
（アクセサリー＆アパレルブランド）

【問い合わせ先】
Q-pot. 表参道本店☎ 03-6447-1217

HP ● http://www.q-pot.jp/
Twitter ● @QpotJAPAN
Instagram ● @qpot_official

InEden
（帽子ブランド）

【問い合わせ先】
shop@ineden.net

HP ● https://ineden.net
Twitter ● @net_eden
Instagram ● ineden106

alpha
（個人衣装制作）

【問い合わせ先】
alpha4238@moon.gmobb.jp

HP ● https://alpha4238.wixsite.com/alpha4238/
Twitter ● @alpha4238
Instagram ●なし

MR
（アパレルブランド）

【問い合わせ先】
MRcorset ラフォーレ原宿店
☎ 03-6447-0844

HP ● antigones.jp
Twitter ● @antigones_mr
Instagram ● mrcorset

Victorian maiden
（アパレルブランド）

【問い合わせ先】
☎ 06-6357-2644

HP ● https://www.victorianmaiden.com/
Twitter ● @VM_press
Instagram ● victorian_maiden

Angelic Pretty
（アパレルブランド）

【問い合わせ先】
Angelic Pretty 東京店
☎ 03-3405-9123

HP ● http://www.angelicpretty.com/
Twitter ● @AP_tokyoten
Instagram ● angelicpretty_official

霧とリボン
（服飾・小間物ブランド）

【問い合わせ先】
info@kiri-to-ribbon.com

HP ● www.kiri-to-ribbon.com
Twitter ● @KIRI_to_RIBBON
Instagram ● kiri_to_ribbon

うずの華
（エディブルフラワー販売）

【問い合わせ先】
エイチニュー
☎ 088-602-8991

HP ● https://www.h-new.jp/
Twitter ● @uzunohana
Instagram ● uzunohana

アン アナザー アンジェラス
（アパレルブランド）

【問い合わせ先】
アン アナザー アンジェラス
ブティック代官山店
☎ 03-下 5489-3875

HP ● https://fint.jp/
Twitter ●@ FintOFFICIAL
Instagram ● an_another_angelus_official

『moreru mignon』
SHIBUYA109 店
（プリ機専門店）

【問い合わせ先】
☎ 080-8501-9852

HP ● https://www.puri.furyu.jp/mignon/mm/
Twitter ● @morerumignon
Instagram ● moreru mignon_furyu

PieniSieni
（オフフープ ® 立体刺繍作家）

【問い合わせ先】
ブログのメールフォームから

ブログ● https://pienisieni.exblog.jp/
Twitter ● @kippermum
Instagram ● pienikorvasieni

掲載作品はこちらより。
上：ブティック社発行
『フェルトで作る大人の花 101』
下：KADOKAWA 発行
『立体刺繍で作る 12 カ月の花のアクセサリー』

corgi-corgi
（帽子ブランド）

【問い合わせ先】
☎ 03-6874-6682

HP ● https://www.corgi-corgi.info
Twitter ● @corgi_corgi_hat
Instagram ● corgi_corgi_hat

Moi-même-Moitié
（アパレルブランド）

【問い合わせ先】
タナクロ
☎ 03-6276-0140

HP ● https://moi-meme-moitie.com/
Twitter ● @moitie_official
Instagram ● moimememoitie_official

PINK HOUSE
（アパレルブランド）

【問い合わせ先】
☎ 03-5784-7800

HP ● https://www.melrose.co.jp/pinkhouse/
Twitter ● @pinkhouse_staff
Instagram ● pinkhouse_press

Swankiss
（アパレルブランド）

【問い合わせ先】
Swankiss 渋谷店　☎ 03-3477-5058

HP ● https://swankiss.net/
Twitter ●@ Swankiss_JP
Instagram ● swankiss_official

RUBY AND YOU
（アパレルブランド）

【問い合わせ先】
FUMOTO ☎ 06-6694-6000

HP ● http://www.rubyandyou.jp/
Twitter ●なし
Instagram ● ruby_and_you

MILK
（アパレルブランド）

【問い合わせ先】
☎ 03-3407-9192

HP ● https://milk-web.net/
Twitter ● @MILK1970
Instagram ● milk__official_

Cerise
（セレクトショップ）

【問い合わせ先】
☎ 03-6418-4330

HP ● http://www.cerise.tokyo/
Twitter ● @cerisestore
Instagram ● cerisestore

RoseMarie seoir
（アパレルブランド）

【問い合わせ先】RoseMarie seoir
ラフォーレ原宿店☎ 03-6447-0778

HP ● syrup-tokyo.com
Twitter ● @syrup_tokyo
Instagram ● rosemarie_seoir

Maison de FLEUR Petite Robe
（アパレルブランド）

【問い合わせ先】
メゾンドフルール プチローブ ルクア大阪
（2020 年 2 月 28 日より）

HP ● https://stripe-club.com/
maisondefleur-petiterobe/
Twitter ● @mdf_petiterobe
Instagram ● maisondefleur.petiterobe_press

Triple*fortune
（アパレルブランド）

【問い合わせ先】
ATELIER PIERROT ラフォーレ原宿
☎ 03-3475-0463

HP ● http://3-f.jp/
Twitter ● @triple4tune
Instagram ● triplefortune

La maison de Lilli
（アパレルブランド）

【問い合わせ先】
lamaisondelilli@gmail.com

HP ● www.lamaisondelilli.com
Twitter ● @lamaisondelilli
Instagram ● lamaisondelilli

七色より少しくすんだところ
（撮影スタジオ）

【問い合わせ先】
room.nanairo@gmail.com

HP ● room-nanairo.com
Twitter ● @room_nanairo
Instagram ●なし

参考資料

『A Midsummer nights dream』William Shakespeare 著（洋書）

『あなたに贈る花ことば』若菜晃子文、ピエ・ブックス刊

『あなたに語る日本文学史』大岡信著、新書館刊

『あの花・この草』松田修著、牧書店刊

『ヴィジュアル版世界の神話百科』アーサー・コットレル著、原書房刊

『上田秋成全集　第２巻』上田秋成著、中央公論社刊

『美しい花言葉・花図鑑』二宮孝嗣著、ナツメ社刊

『Ovidiana』久保正彰著、青土社刊

『大津京と万葉歌』林博道著、新樹社刊

『面白くてよくわかる！万葉集』根本浩著、アスペクト刊

『折口信夫全集　第６巻』折口信夫著、中央公論社刊

『カラー万葉の歌』保田与重郎著、淡交社刊

『ギリシア神話』エディス＝ハミルトン著、偕成社刊

『ギリシア神話物語』ナサニエル・ホーソーン作、新書館刊

『ギリシア・ローマ神話』佐々木理著、講談社刊

『現代語訳　日本の古典２』学研刊

『恋衣全釈』逸見久美著、風間書房刊

『定本国木田独歩全集』国木田独歩著、学研刊

『鉄幹と晶子　第２号』上田博編集、和泉書院刊

『鉄幹と晶子　第４号』上田博編集、和泉書院刊

『日本現代文学全集 18』講談社刊

『日本文学全集 29』池澤夏樹編集、河出書房新社刊

『日本の文学 7』市古貞次責任編集、ほるぷ出版刊

『ハイネ・リルケ詩集』有川博ほか著

『花ごよみ図譜』国際情報社刊

『芭蕉俳句鑑賞』赤羽学著、清水弘文堂刊

『俳人一茶』小林一茶著、信濃毎日新聞社刊

『Hamlet』William Shakespeare 著（洋書）

『正岡子規』岡井隆著、筑摩書房刊

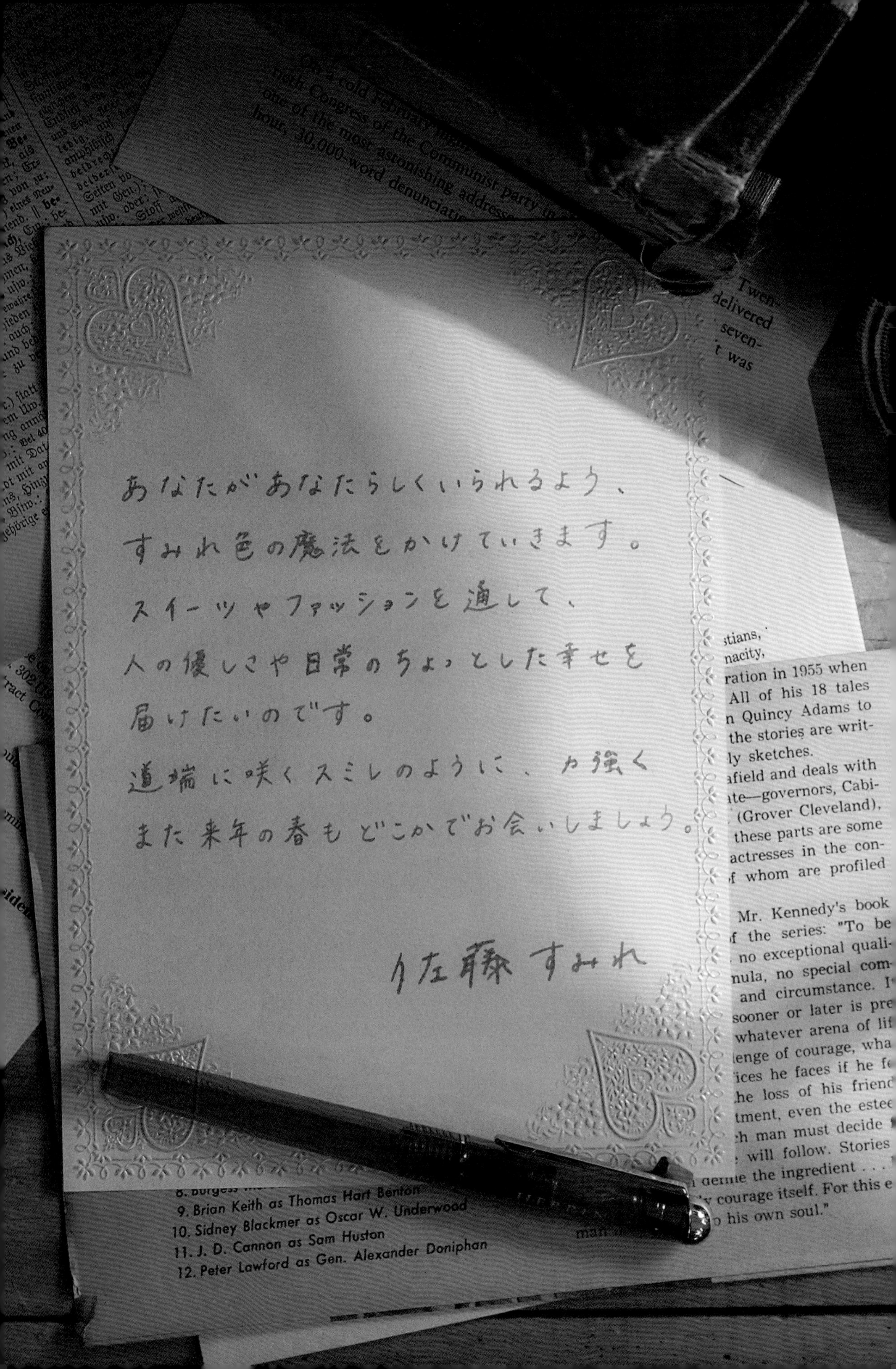
あなたがあなたらしくいられるよう、
すみれ色の魔法をかけていきます。
スイーツやファッションを通して、
人の優しさや日常のちょっとした幸せを
届けたいのです。
道端に咲くスミレのように、力強く
また来年の春もどこかでお会いしましょう。
佐藤すみれ
9. Brian Keith as Thomas Hart Benton
10. Sidney Blackmer as Oscar W. Underwood
11. J. D. Cannon as Sam Huston
12. Peter Lawford as Gen. Alexander Doniphan

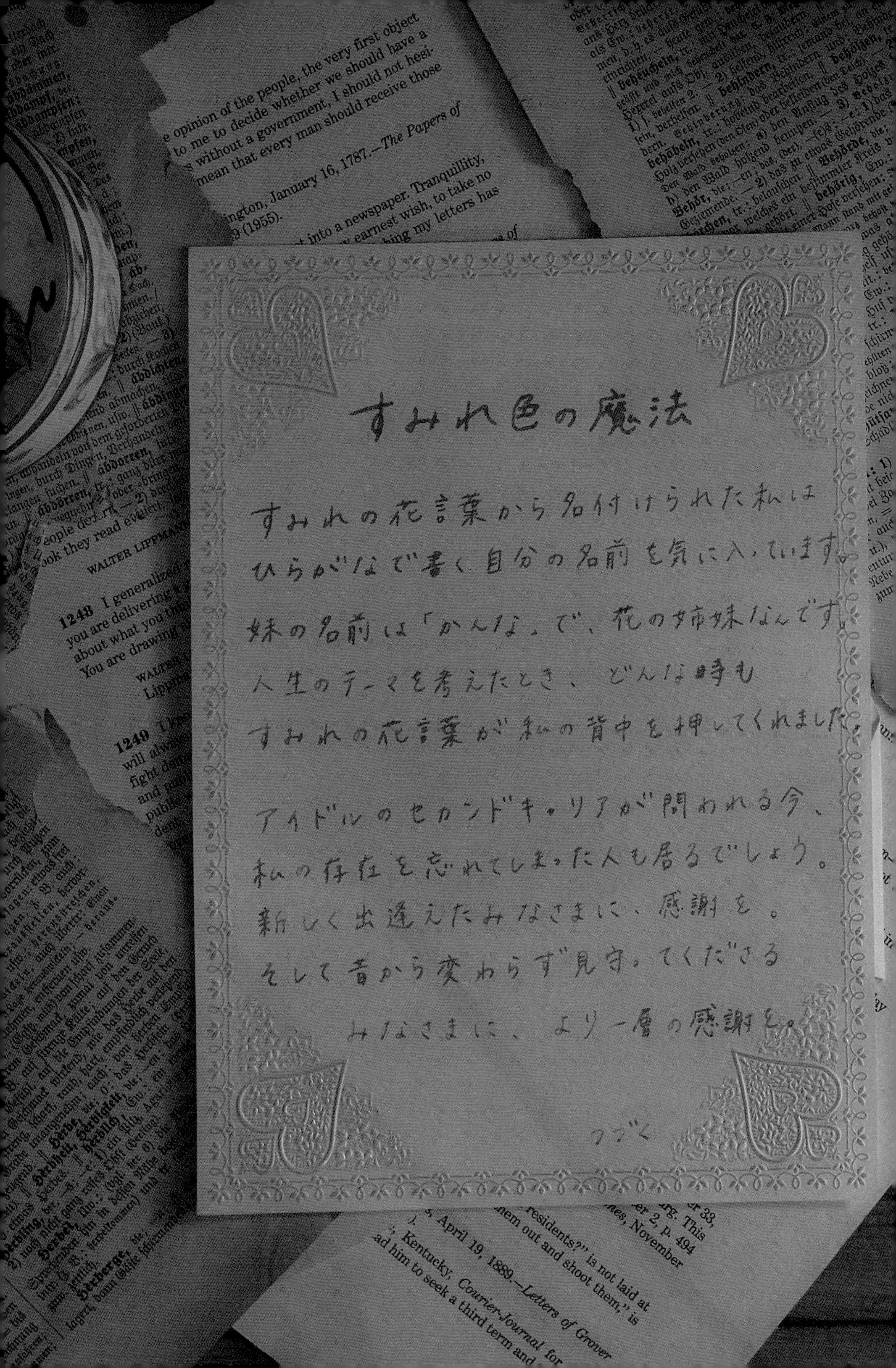
すみれ色の魔法
すみれの花言葉から名付けられた私は
ひらがなで書く自分の名前を気に入っています。
妹の名前は「かんな」で、花の姉妹なんです。
人生のテーマを考えたとき、どんな時も
すみれの花言葉が私の背中を押してくれました。
アイドルのセカンドキャリアが問われる今、
私の存在を忘れてしまった人も居るでしょう。
新しく出逢えたみなさまに、感謝を。
そして昔から変わらず見守ってくださる
みなさまに、より一層の感謝を。
つづく

みなさんに、感謝のすみれの花束を♡

佐藤すみれ

1993年11月20日生まれ、埼玉県出身。もとAKB48、SKE48のメンバー。卒業後は企業家に。2018年11月東京・目白のCAFE ACORITでの「すみれの魔法ケーキセット」から活動をスタート、今までになかったすみれの生花を使ったケーキが話題を呼ぶ。翌2019年にはストリングスホテル名古屋、vixen productsなどでもスウィーツメニューを発表。同時に東京・伊勢丹新宿店、名古屋・三越栄店、大阪・阪神百貨店梅田本店でポップアップストアを展開。LAND by MILKBOYさらに洋服やアクセサリーのコラボものも次々にリリースをするなど精力的に活動中。2020年にも多くの契約とプランを抱えている。

Twitter ● @su0v0su

Instagram ● su0v0su

ブラウス・スカート・カチューシャ／MILK

2020年2月1日　初版第1刷発行

編集：鈴木真理子

校正：茶木真理子

TRANSEWORLD JAPAN

書籍プロデュース：斉藤弘光

デザイン：山根悠介

営業：原田聖也

発行者：佐野 裕

発行所：トランスワールドジャパン株式会社
〒150-0001 東京都渋谷区神宮前6-34-15 モンターナビル
Tel：03-5778-8599　Fax：03-5778-8743

印刷・製本：株式会社グラフィック

©Transworld Japan Inc.2020 Printed in Japan ISBN 978-4-86256-279-1